Koralie
Jet
Tommi
Luna
Nessi

LINDA CHAPMAN

Der Nixen-Club

Korallenreich in Gefahr!

LINDA CHAPMAN

Der Nixen-Club

KORALLENREICH IN GEFAHR!

Aus dem Englischen
von Sabine Rahn

Mit Illustrationen von
Kim Barnes

cbj

Bei diesem Buch wurden die durch das verwendete Material und die Produktion entstandenen CO_2-Emissionen ausgeglichen, indem der cbj Verlag ein Projekt zur Aufforstung in Brasilien unterstützt.
Weitere Informationen zu dem Projekt unter:
www.ClimatePartner.com/14044-1912-1001

Penguin Random House Verlagsgruppe
FSC® N001967

1. Auflage 2022

Die englische Originalausgabe erschien 2020
unter dem Titel *Mermaids Rock – The Coral Kingdom*
bei Stripes Publishing, einem Imprint der Little Tiger Group,
1 The Coda Centre, 189 Munster Road,
London SW6 6AW, Großbritannien.

Aus dem Englischen von Sabine Rahn
Umschlaggestaltung: Geviert, Grafik & Typografie
Umschlag- und Innenillustrationen: Kim Barnes
mk • Herstellung: UK
Satz: KCFG – Medienagentur, Neuss
Druck: GGP Media GmbH, Pößneck
ISBN 978-3-570-17876-8
Printed in Germany

www.cbj-verlag.de

Für Bea Kenning und Belle, »das beste Pferd der Welt«. Es tut mir leid, dass in dieser Geschichte weder Pferde noch Ponys vorkommen, aber ich hoffe, das ungemein süße Seepferdchen ist ein angemessener Ersatz!

Linda Chapman

Inhalt

Kapitel 1

Das Tiefseeriff

»Pass auf, Sami!«, rief Marina, als ein schwarzer Pelikanaal mit geöffnetem Maul aus einer düsteren Höhle hervorgeschossen kam. Sami, ihr zahmes Seepferdchen, konnte gerade noch davondüsen. Mit einem schnellen Stoß ihres silbrig grünen Schwanzes presste Marina sich gegen eine Koralle und sah dem vorüberschwimmenden Aal hinterher. Sein riesiges Maul war fast groß genug, um sie zu verschlingen. Aber zum Glück schien er keinen Appetit auf eine kleine Nixe zum Frühstück zu haben.

Sami schwamm auf ihre Schulter, rollte seinen goldgelben Schwanz auf und versteckte sich hinter einer Strähne ihres dicken braunen Haares. Zusammen beobachteten sie, wie der sich schlängelnde Aal in einem Korallenwäldchen verschwand und im Vorüberschwimmen noch rasch eine bedauernswerte Krabbe verspeiste.

Marina kitzelte Sami an der Brust. »Das war ja ganz schön knapp eben!«

Sami stupste mit seinem kleinen Kopf gegen ihren Finger. Seine dunklen Augen glänzten.

Marina gab ihm einen Kuss. Er wackelte begeistert mit seinen kleinen Hörnchen. Seit gut einem Jahr war er ihr Haustier und bester Freund, und der Gedanke, dass ihm etwas zustoßen könnte, war ihr unerträglich.

»Hier im Tiefsee-Korallenriff müssen wir uns besonders gut vorsehen!«, warnte sie. »Hier leben eine Menge seltsamer Lebewesen, einige von ihnen sind gefährlich – ganz anders als auf den flachen Korallenriffen, die wir gewohnt sind.«

Marina hängte sich ihre Seegrastasche über die andere Schulter. Seit elf Jahren reiste sie mit ihrem Vater, einem Meermann, durch die Weltmeere. Er war Meeresbiologe und hatte sich darauf spezialisiert, seltene Tiere zu erforschen. Sie hatten schon einige ganz unglaubliche Orte zusammen besucht: Pazifik-Atolle, Tang-Wälder in norwegischen Fjorden, tropische Küsten … Aber das hier war das erste Tiefsee-Korallenriff, das Marina je gesehen hatte. Hier unten war das Wasser sehr viel kälter als an der Oberfläche. Es war eine düstere Landschaft, bestehend aus Hügeln, tiefen Spalten und Höhlen. Wo immer sie hinsah, gab es haufenweise Grau, tote Korallen unter einer Decke von lebendigen lilafarbenen, gelben, blauen und roten Korallenbüschen und fedrigen blassen Anemonen.

Ihr Vater hatte erzählt, dass von hier aus einige der Tunnel und Gänge in die lichtlosen Tiefen der ewigen Finsternis und wahrscheinlich sogar bis in die Tiefseerinnen reichten. Man munkelte, dass in diesen Tiefseerinnen einige unglaublich alte Meereswesen lebten. Aber niemand, der einmal dort hingelangt war, war je wieder zurückgekehrt. Marina schauderte. Sie erkundete gerne Unbekanntes, aber so tief runter wollte sie auf gar keinen Fall. Die unwirkliche Dämmerstimmung des Tiefsee-Korallenriffs fand sie aufregend genug.

»Wo Paps wohl schon wieder ist?«, fragte Marina Sami, während die beiden zwischen den orangefarbenen Korallenbäumen, die ihre Zweige zur Wasseroberfläche reckten, entlangschwammen.

Eine Schule großer Fische streifte im Vorüberschwimmen mit ihren Flossen Marinas Schwanz, und ein paar stachelige Hummer krabbelten über den sandigen Boden.

Marina hielt Ausschau nach einem Topf mit grünem Nixenfeuer, den ihr Vater stets bei sich trug, um besser sehen zu können. »Ich hoffe, wir finden ihn bald!«, sagte sie zu Sami. »Schließlich will ich an meinem ersten Schultag nicht gleich zu spät kommen.«

Vor Aufregung kribbelte es in ihrem Bauch. Schule! Es war jetzt schon ein paar Jahre her, seit sie lange genug an einem Ort geblieben waren, dass sie eine Schule hätte besuchen können. Jetzt konnte sie es kaum erwarten. Sie freute sich sehr darauf, neue Freunde zu finden, und auf ein Zuhause.

Marina und ihr Vater waren vor einigen Tagen am Nixenfelsen angekommen und hatten eine

große Höhle bezogen. Auf dem flachen Riff war das türkisfarbene Wasser warm und hell und jede Menge freundlicher Meerestiere lebten dort zusammen mit den Meerleuten: Delfine, Meeresschildkröten, Tintenfische und Seekühe sowie Tausende hin und her flitzende regenbogenfarbene Fische. Es war ein wunderschöner Ort. Ihr Vater hatte versprochen, dass sie dort eine Weile bleiben würden, weil er das Tiefseeriff in der Nähe des Nixenfelsens genauer erforschen wollte.

Marina fand das wundervoll!

Samis Nüstern weiteten sich und dann sauste er auf einmal davon, kam zurück und schwamm wieder voraus. Er tanzte vor ihrer Nase auf und ab und drehte sich im Kreis. Marina musste grinsen, als sie sah, wie aufgeregt er war. »Hast du Paps gefunden?«

Sami nickte und schwamm voraus. Als sie um einen Felsen schwammen, entdeckte Marina den Topf mit dem grünlich glühenden Nixenfeuer neben dem Eingang zu einer Höhle. Ihr Vater saß daneben und kratzte vorsichtig eine Probe Knorpeltang in eins seiner Sammelgläser. Sein Schwanz war ebenso silbrig grün wie der von Marina und er hatte das gleiche dicke braune Haar wie sie.

»Paps!«, rief Marina.

Ihr Vater zuckte zusammen und drehte sich um.

»Das hier hast du vergessen!«, sagte Marina.

Sie machte ihre Tasche auf und holte das Mittagessen hervor, das sie am Abend vorher für ihn vorbereitet hatte. Ihr Vater war super, aber manchmal war er so hingerissen von seinen Forschungsarbeiten, dass er die ganz normalen Dinge – wie zum Beispiel Essen – glatt vergaß.

»Ach, wirklich?« Tarak Silberflosse sah seine Tochter überrascht an und spähte dann in seine Tasche, die neben ihm lag. »Da laus mich doch eine Flunder! Tatsächlich.«

Marina seufzte. Er würde wahrscheinlich seinen eigenen Schwanz vergessen, wenn der nicht angewachsen wäre. Sie reichte ihm die Muschelsnacks. Ein paar Seegrastaler hatte sie auch für ihn eingepackt.

»Danke, meine Süße«, sagte er. »Bleibst du hier und hilfst mir ein wenig?«

Marina umarmte ihn. »Nein. Heute ist mein erster Schultag, hast du das vergessen?«

»Schule?«, wiederholte ihr Vater und sah sie überrascht an. »Ach ja. Ich habe nicht daran gedacht, dass die heute anfängt. Soll ich mitkommen?«, fragte er ein wenig verunsichert.

»Nein, nicht nötig, ist schon gut!« Marina war es gewohnt, vieles, was andere Meerjungen und Meermädchen gemeinsam mit ihren Eltern machten, alleine zu tun. Um genau zu sein, war sie es so sehr gewohnt, für ihren Vater zu sorgen, dass sie sich gelegentlich fühlte, als sei sie die Erwachsene und er das Kind.

»Ich habe alles im Griff. Sami begleitet mich

bis zum Eingang, dann schwimmt er nach Hause und wartet dort auf mich.«

Sami stupste sie hoffnungsvoll an der Hand.

»Nein, du kannst nicht mit in die Schule kommen, das habe ich dir doch schon erklärt!«, sagte sie. »Ich weiß, dass du das gerne möchtest, aber niemand darf ein Haustier mitbringen.«

Sami ließ seine Hörnchen sinken.

»Aber du kannst mich abholen«, fügte Marina hinzu.

Samis Hörnchen richteten sich wieder auf und er schlug einen Purzelbaum.

»Na ja. Okay. Dann sei schön brav und pass gut auf … und so weiter!«, sagte ihr Vater.

»Das mach ich«, versprach Marina und gab ihm einen Kuss auf die Wange. »Viel Spaß bei deinen Forschungen. Heute Abend kannst du mir dann alles erzählen, was du herausgefunden hast. Und nimm dich vor dem Pelikanaal in Acht. Sami und mich hätte er vorhin beinahe aufgefressen.«

Ihr Vater schaute sie ganz aufgeregt an. »Ein Pelikanaal? Bist du dir sicher? Die leben doch normalerweise viel tiefer.«

Marina nickte. »Ja, ich bin mir ganz sicher, das

war einer! Er hatte das allergrößte Maul, das ich je gesehen habe!«

»Das muss bedeuten, dass es hier irgendwo einen Tunnel geben muss, der runter in die Zone der ewigen Finsternis führt«, murmelte ihr Vater und rieb sich die Hände. »Das ist dann genau der richtige Ort für meine Forschungen.« Er runzelte die Stirn. »Versprich mir, dass du immer sehr vorsichtig bist, wenn du hier nach unten schwimmst! Ich will auf keinen Fall, dass dir etwas zustößt.«

»Keine Angst, ich pass schon auf«, versprach Marina. »Bis später, Paps!«

Mit einem kräftigen Schlag ihrer Schwanzflosse schwamm sie zurück zur Wasseroberfläche. Am liebsten hätte sie genau wie Sami einen Purzelbaum geschlagen: Schule … neue Freunde … Sie konnte es kaum erwarten!

Kapitel 2

Neue Freunde

Mit einem kräftigen Schwung ihrer Flosse machte Marina sich auf den Weg zum Nixenfelsen. Die Meerleute lebten dort auf einem flachen Korallenriff in einem abgelegenen Teil des Ozeans, weit weg von den Menschen. Den Eingang zu ihrer Nixenstadt bildete ein riesiger Felsen unter Wasser, der aussah wie ein Meerjungfrauenschwanz. Ganz unten am Fuß dieses Felsens befand sich ein magischer Strudel, mit dessen Hilfe die Meerleute in Windeseile in jedes Meer auf dieser Welt gelangen konnten. Sie mussten nur den Felsen berühren und sagen, wohin sie wollten, dann wirbelte der Strudel immer schneller. Und sobald sie hineinsprangen, trug er sie davon. Die Meerleute benutzten den magischen Strudel, um zu den verschiedenen Weltmeeren zu gelangen, damit sie dort Vögeln und Meerestieren helfen konnten, die in Gefahr geraten waren. Oder um Schäden zu reparieren, die durch Erdbeben oder Flutwellen hervorgerufen worden waren. In den Weltmeeren gab es immer etwas zu tun!

Auf beiden Seiten des Felsens schwammen Wachen, die aufpassten, dass sich dem Riff keine Gefahren näherten. Der eine war ein Meermann mit braunem Haar und einem Bart. Die andere eine Meerfrau mit dunklem schulterlangem Haar.

»Was machst du hier draußen zu dieser frühen Stunde ganz alleine?«, wollte der Meermann wissen, als Marina näher schwamm.

»Ich habe meinen Vater besucht. Er untersucht das Tiefsee-Korallenriff. Er ist Wissenschaftler – Tarak Silberflosse«, erklärte sie.

»Ach ja«, sagte die Meerfrau und lächelte Marina herzlich an. »Ihr seid gerade erst hierhergezogen, nicht wahr?«

Marina nickte. »Vor ein paar Tagen.«

»Dann triffst du in der Schule sicher meinen Sohn Kai. Er ist etwa so alt wie du. Ich heiße übrigens Indra.«

Marina lächelte zurück. »Hallo, Indra. Ich freue mich, Sie kennenzulernen.«

Der Meermann runzelte besorgt die Stirn. »Eine junge Nixe wie du sollte nicht alleine draußen im Meer umherschwimmen«, sagte er. »In den vergangenen Tagen sind dort draußen Haie gesichtet worden.«

»Um mich müssen Sie sich keine Sorgen machen«, versicherte Marina ihm. »Ich kann auf mich aufpassen!«

Auf ihren Reisen hatte sie gelernt, dass die meisten Haie Meerleute einfach ignorierten und in Ruhe ließen. Natürlich konnte man immer mal einem bösartigen Exemplar begegnen, das aus heiterem Himmel angriff. Aber ihr Vater hatte ihr beigebracht, mit Fäusten und Flosse zu boxen, falls sie tatsächlich mal von einem Hai in die Ecke getrieben werden sollte. Haie konnten es nicht leiden, wenn man ihnen auf die Nase schlug, das hatte Marina herausgefunden, als sie eines Tages in einer Höhle im Indischen Ozean von einem sehr unfreundlichen Grauen Riffhai bedrängt worden war.

Marina verabschiedete sich rasch. Das Letzte, was sie wollte, war, dass jemand auf die Idee kam, ihr zu verbieten, zum Tiefsee-Korallenriff zu schwimmen. Sie hatte nämlich vor, dort selbst einiges zu erkunden, wann immer sie konnte.

Auf ihrem Weg durch das warme türkisfarbene Wasser begegnete sie Meerfrauen und Meermännern, die plaudernd und lachend aus ihren Höhlen schwammen und ihre Meerkinder zur Schule brachten. Wasserschildkröten paddelten neben ihr her, genau wie eine Schule kleiner bunter Fische. Einsiedlerkrebse und Krill tummelten sich im Seegras und hofften, dass niemand auf die Idee käme, sie zu fressen. Das Riff erstreckte sich hier kilometerweit, eine bunte Welt aus verzweigten Korallen und röhrenförmigen Schwämmen.

Eine Schule rot und lila gefärbter Prachtschwertgrundeln nahm Marina in ihre Mitte. Sie schwammen ein paar Sekunden mit ihr, ehe sie auf dem Riff verschwanden. Marina lachte entzückt, drehte um und schwamm in Richtung Schule, einem großen Gebäude aus bläulich grünen Korallen mit vielen Türmchen.

»Vorsicht!«, rief jemand.

Ein dunkelhaariger Junge, der sich am Panzer einer großen Karettschildkröte festhielt und sich von ihr ziehen ließ, sauste an ihr vorüber. Marina konnte gerade noch rechtzeitig ausweichen.

»'Tschuldige!«, rief er. »Anhalten, Tommi!«

Die Schildkröte blieb abrupt stehen, der Junge verlor den Halt, überschlug sich und schoss ungebremst weiter.

»Verflippte Flunderflosse!«, rief er, als er durchs Wasser wirbelte. Mit einem Schnicken seiner Flosse bremste er ab, richtete sich auf und schwamm zu Marina zurück.

»Hallo, du bist neu hier, oder?«, stellte er fest.

Er hatte ein freundliches, offenes Gesicht.

Marina nickte. »Woher weißt du das?«

Er grinste breit. »Weil ich hier jeden kenne. Ich heiße Kai und das ist Tommi, meine Meeresschildkröte.«

»Dann habe ich gerade eben am Korallenfelsen deine Mutter getroffen. Ich heiße Marina. Und das hier ist Sami«, stellte Marina sich vor.

Sami schwamm zu Tommi rüber, und die beiden Meerestiere beschnüffelten einander. Sami hüpfte begeistert auf und ab und sauste um Tommis Kopf.

»Wie cool, dass du ein Haustier hast, auf dem du reiten kannst!«, sagte Marina.

Kai legte den Arm um Tommi. »Er ist nicht besonders gehorsam, aber er ist absolut krill-liant!«

Tommi knabberte freundlich an seiner Hand und schwamm dann zu Marina und schaute sie fragend an. Dann stupste er sie mit einem seiner kurzen Vorderbeine am Arm und drehte seinen Kopf auf die Seite.

»Er möchte, dass du ihn unter dem Kinn kraulst«, erklärte Kai.

Das tat Marina und die Schildkröte fing am ganzen Körper an zu zittern.

»Was ist denn jetzt los?«, fragte Marina mit großen Augen.

»Er lacht«, sagte Kai strahlend. »Jetzt ist gut, Tommi!« Er klopfte auf den Panzer der Schildkröte. »Wir müssen zur Schule. Ich zeige dir den Weg. Erzähl, was hast du draußen am Korallenfelsen gemacht?«

Sie plauderten munter, während sie nebeneinander herschwammen. Mit Kai konnte man gut reden, und er war ziemlich beeindruckt, als er hörte, wie weit Marina gereist war. Sie hoffte, dass alle anderen Schüler genauso nett sein würden.

Am Eingang zum Schulgelände verabschiedeten sie sich von ihren Haustieren.

Marina gab Sami einen Kuss. »Bis später!«, sagte sie. Das Seepferdchen schmiegte sich kurz an ihre Wange und sauste dann mit Tommi zusammen davon.

Kai und Marina schwammen durch das geschwungene Schultor. Auf dem Gelände vor den Gebäuden spielten Meerjungen und Meermädchen unterschiedlichen Alters zusammen.

»Da drüben sind meine Freunde. Willst du mitkommen und Hallo sagen?«

Marina schwamm mit ihm zusammen zu drei Meermädchen. Eine von ihnen hatte einen langen Schwanz, blasse Haut, Sommersprossen und dunkelrotes lockiges Haar, das aussah, als ob sie es heute Morgen nicht gebürstet hätte. Sie schwamm im Kreis, während die anderen beiden irgendetwas in einer Schachtel untersuchten.

»Das ist auch wieder eine geniale Erfindung, Naya«, sagte die kleinere, jüngere Nixe.

Genau wie das Meermädchen, das nach wie vor im Kreis schwamm, hatte sie dunkelrotes Haar. Ihres war jedoch lang und glatt. »Du bist sooo klug!«

Naya, ein Meermädchen mit dunklen Zöpfen, freute sich. »Danke, Luna. Die Schale der Amerikanischen Schwertmuschel ist einfach ideal als Rampe, und ich habe sie zusammenklappbar gemacht, sodass wir sie besser tragen können …«

»Hey, Leute, begrüßt unsere neue Mitschülerin!«, unterbrach Kai sie. »Das hier ist Marina. Ich habe sie auf dem Weg zur Schule getroffen … wortwörtlich.« Er grinste. »Ich habe sie tatsächlich richtig getroffen, Tommi hat mich nämlich gezogen!«

»Kai! Du und Tommi, ihr verletzt irgendwann noch mal jemanden«, rief die Meerjungfrau, die im Kreis geschwommen war. Sie lächelte Marina an. »Hey, ich heiße Koralie. Das hier ist meine Cousine Luna.« Sie deutete auf das jüngere Meermädchen. »Normalerweise hat sie ein Buch vor der Nase und einen Haufen Meerestiere um sich herum, die ihr hinterherschwimmen.« Luna lächelte Marina schüchtern zu. »Und das dort ist Naya«, fuhr Koralie fort und zeigte auf das andere Meermädchen. »Sie ist begeistert von allem, was mit Naturwissenschaften zu tun hat, und erfindet ständig irgendetwas Neues.«

»Und Koralie ist die, die nicht stillstehen kann, die redet wie ein Wasserfall und die unglaublich schlechte Witze erzählt!«, ergänzte Naya grinsend.

»So schlecht sind meine Witze doch gar nicht! Kennst du den? … Wieso sind Fische so schlau?«, fragte Koralie Marina.

»Weiß ich nicht«, sagte Marina.

Koralie grinste. »Weil sie in Schulen schwimmen!«

»Ich habe dich ja gewarnt!« Naya seufzte.

Marina kicherte.

»Kai!«, rief ein Meerjunge rüber. »Hast du die Hausaufgaben über die Seekühe schon gemacht?«

»Das ist Rafi«, sagte Kai. »Ich muss da mal rüber und mit ihm reden. Bis später.«

Er schwamm davon.

Marina wandte sich zu Naya. »Was hast du da?«, fragte sie. »Mein Vater ist Wissenschaftler. Er erfindet zwar nichts, aber er forscht viel, vor allem über Meerestiere.«

»Wie heißt er?«, wollte Naya wissen.

»Tarak Silberflosse«, antwortete Marina.

Naya bekam große Augen. »Tarak Silberflosse? Ich habe einige der Bücher gelesen, die er geschrieben hat. Er weiß so viel über seltene Tierarten! Oh Mann, hast du ein Glück!«

»Komm uns doch mal besuchen, dann lernst du ihn kennen«, schlug Marina vor.

Nayas braune Augen wurden so groß wie Untertassen. »Echt? Das wäre super-schneckig!«

»Und was ist deine Erfindung?«

»Es ist ein besonderes Behältnis, in dem wir Seenadeln, wie Seepferdchen und Große Fetzenfische, beschützen können. Deren Junge sind am Anfang so klein, dass sie oft von anderen Fischen aufgefressen werden, wenn sie frisch geschlüpft sind. Wir haben schon eine ganze Weile überlegt, wie wir die Kleinen schützen könnten.« Sie lächelte den beiden anderen Meermädchen zu. »Luna, Koralie, Kai und ich lieben Meerestiere. Deshalb haben wir jetzt einen Club gegründet: Er heißt Nixen-Tierschutz-Club.«

»Du kannst mitmachen, wenn du möchtest«, schlug Luna begeistert vor. »Nach der Schule wollen wir raus zum Korallenriff, um nach kleinen Seenadeln, Fetzenfischen und Seepferdchen zu suchen.«

»Das klingt cool, absolut super-schneckig!«, fand Marina.

Hinter ihr kicherte jemand.

»Cool? Wohl kaum. Der Begriff, nach dem du suchst, ist eher: echt traurig!«

Marina drehte sich um und sah ein Meermädchen mit hüftlangem blondem Haar hinter sich. Sie war in Begleitung von zwei anderen Nixen. Ihre blauen Augen glitzerten und erinnerten

Marina an den Blick des Grauen Riffhais, gegen den sie sich mal hatte wehren müssen.

»Du bist neu, oder?«, stellte das Meermädchen fest und musterte Marina von oben bis unten. »Ich bin Glenda Seegras, und wenn du bei uns dazugehören willst, dann meidest du diese Loser hier besser!«

Luna und Naya senkten die Köpfe, aber Koralie verschränkte kämpferisch die Arme vor der Brust.

»Sieh sie dir doch an!«, fuhr Glenda fort und

ihre beiden Freundinnen kicherten gehässig. »Die eine sieht aus, als ob sie rückwärts aus einem Schiffswrack gezogen worden wäre. Die andere ist ein Streber und die Dritte ein Bücherwurm, dem meistens irgendwelches lächerliches Meeresgetier auf den Fersen folgt.«

»Hau ab, Glenda, und sei nicht so gemein!«, sagte Koralie wütend.

Glenda ignorierte sie. »Dein Vater ist ein berühmter Wissenschaftler, stimmts?«, sagte sie zu Marina. »Na, dann kannst du mit uns abhängen, wenn du willst.« Das sagte sie, als ob sie Marina damit ein riesiges Geschenk gemacht hätte. »Aber dann kannst du natürlich nicht bei diesem …«, sie äffte Luna nach: »… Club mitmachen!« Glenda sah ihre Freundinnen an, die wieder kicherten. »Schade aber auch!« Sie machte eine auffordernde Kopfbewegung. »Los komm, wir schwimmen!«

Marina hatte nicht die geringste Absicht, sich mit jemandem wie Glenda anzufreunden. Im Gegenteil, sie hatte große Lust, ihr eins auf die Nase zu hauen, genau wie sie das bei dem Riffhai getan hatte.

»Nein danke«, sagte sie entschlossen. »Ich finde, der Nixen-Tierschutz-Club klingt richtig cool. Auf jeden Fall sehr viel cooler, als mit Leuten abzuhängen, die es in Ordnung finden, gemeine Bemerkungen zu machen!«

Glenda schnappte nach Luft wie ein Fisch auf dem Trockenen. »Wie … wie kannst du es wagen!«

»Ganz einfach und einfach so!«, erwiderte Marina völlig ungerührt.

Leute, die versuchten, andere zu schikanieren, konnte sie nicht leiden.

»Das wird dir noch leidtun, Neuling!«, fauchte Glenda.

Sie warf ihr langes Haar über die Schulter und rauschte davon, gefolgt von ihren beiden Freundinnen.

Marina zuckte mit den Schultern. »Das kann ich mir nicht vorstellen!«

Sie drehte sich um und sah, dass Koralie, Luna und Naya sie ehrfürchtig anstarrten.

»Du hast gerade zu Glenda Seegras gesagt, dass du nicht mit ihr befreundet sein willst«, flüsterte Naya.

»Sie ist gemein!«, stellte Marina schulterzuckend fest. »Gemeine Leute kann ich nicht leiden.« Sie sah die drei Meermädchen hoffnungsvoll an. »Aber mit euch würde ich gerne befreundet sein.«

»Na klar!«, riefen die drei im Chor und bewegten begeistert ihre Flossen.

»Super-schneckig!« Marina strahlte. »Erzählt mir mehr von eurem Nixen-Tierschutz-Club …«

Die drei berichteten fröhlich von ihren Plänen, Meerestiere zu schützen und sich um gefährdete Arten zu kümmern.

Marina warf einen Blick rüber zu Glenda. Das blonde Meermädchen starrte zornig zu ihr her. Marina seufzte. Es sah ganz so aus, als ob sie sich schon eine erste Feindin geschaffen hätte. Aber sie hatte auch drei Freundinnen gefunden – vier Freunde, wenn sie Kai dazuzählte. Außerdem klang es so viel spannender, Mitglied im Nixen-Tierschutz-Club zu sein, als mit Glenda und ihren gehässigen Freundinnen abzuhängen. Marinas erster Tag in der Schule lief noch besser, als sie gehofft hatte. Vielleicht würden sie ja sogar das eine oder andere Abenteuer gemeinsam erleben, während sie seltene Meerestiere beschützten. Marina bewegte fröhlich ihre Flosse. Oh ja, das klang vielversprechend und nach einer Menge Spaß!

Kapitel 3

Eine erste Entdeckungstour

»Und was macht man hier so nach der Schule?«, fragte Marina Kai, als die Schulstunden für diesen Tag zu Ende waren. Der Unterricht hatte ihr Spaß gemacht: Meeressäuger-Kunde, Erhaltung und Pflege von Korallenriffen, Meeresmythen, Menschen-Kunde … aber sie hatte viel zu lange stillsitzen müssen und war nun sehr unternehmungslustig.

»Meistens schwimmen wir mit unseren Haustieren eine Runde«, antwortete Kai.

Naya nickte. »Und unterwegs sammeln wir auch gleich immer den Müll ein, der von der Meeresströmung auf unseren Korallenfelsen getrieben wird. Wir sind zwar weit weg von Menschen, aber ihr Plastikmüll wird trotzdem oft bei uns angespült und entweder wird er von Fischen oder anderen Tieren gefressen oder ein Tier verfängt sich darin …«

»Wenn wir unterwegs kranke oder verletzte Tiere finden, bringen wir sie ins Meerestierheim, das ganz in der Nähe unserer Schule ist«, ergänzte Luna. »Meine Mutter arbeitet dort.«

»Gelegentlich spielen wir auch Verstecken oder machen ein Wettschwimmen, während wir unterwegs sind«, erzählte Koralie begeistert.

»Die gewinnt Koralie meistens!«, sagte Luna.

»Außer wenn ich mich von Tommi ziehen lasse!«, warf Kai grinsend ein. »Und da wir gerade von ihm sprechen …« Er zeigte zum Schultor. »Da ist Tommi!« Er winkte und schwamm zum Eingang, wo Tommi auf ihn wartete. Neben Tommi schwamm eine graue Seekuh, die sanfte, weit auseinanderstehende Augen hatte, ein dunkelgrüner Oktopus mit acht schlängelnden Armen und ein junger Delfin. Sami hatte sich auch zu ihnen gesellt.

Marina raste auf ihn zu: »Sami!«

Das kleine Seepferdchen schwamm in ihre Hände. Sie hob Sami zu ihrem Gesicht und er stupste an ihre Nase, ehe er seinen Schwanz um eine ihrer Haarsträhnen kringelte und quasi auf ihrer Schulter saß. Marina seufzte glücklich. Der Schultag war wunderbar gewesen, aber sie hatte ihn vermisst. Jetzt freute sie sich, dass Sami sich offenbar auch schon mit den Haustieren ihrer neuen Freunde angefreundet hatte.

Marina drehte sich um und sah, dass Luna die kleine Seekuh streichelte. Naya redete auf den Oktopus ein. Koralie und der Delfin spielten Fangen und Kai hielt sich an Tommis Panzer fest, während er hinter ihnen herraste.

»Das sind eure Tiere?«, fragte Marina.

»Genau, das hier ist Oktavia«, stellte Naya vor und der Oktopus winkte mit einem seiner Arme. »Lunas Seekuh heißt Nessi.«

Nessi stupste Marina sanft mit dem Kopf. Marina streichelte sie, und die kleine Seekuh rollte sich sofort auf den Rücken, sodass Marina ihren runden Bauch kraulen konnte.

»Du bist so eine Hübsche!«, sagte Marina leise zu ihr.

»Und der Tümmler hier heißt Jet«, stellte

Koralie vor und bremste zusammen mit ihrem jungen Delfin neben Marina. Jet grinste Marina freundlich an und klickerte.

Als sie einander alle begrüßt hatten, sah Marina in die Runde. »Und was machen wir nun? Wir könnten zum Tiefsee-Korallenriff rausschwimmen, was meint ihr? Das wäre doch super!«

Sie erwartete, dass die andern ihr zustimmen würden, doch zu ihrer Überraschung zögerten sie zunächst.

»Na ja, wir hatten eigentlich vor, hier am Riff Baby-Seepferdchen, Baby-Fetzenfische und Baby-Seenadeln zu suchen«, sagte Naya.

»Um Nayas Erfindung auszuprobieren«, ergänzte Koralie.

»Ach ja!«, sagte Marina und erinnerte sich, dass die drei vor dem Unterricht davon gesprochen hatten.

»Außerdem darf ich nicht raus zum Tiefseeriff«, sagte Luna. »Meine Mutter sagt, ich sei nicht alt genug. Aber ihr könnt ja rausschwimmen. Ich kann heute sowieso nicht so lange bleiben. Heute trifft sich nämlich mein Buch-Club.«

»Stimmt ja. Wie wäre es, wenn wir hier nach Seepferdchen-Jungen suchen, bis Luna zu ihrem Buch-Club muss, und dann zum Tiefseeriff rausschwimmen?«

Koralie, Naya und Luna nickten.

Marina zögerte einen Moment, dann nickte sie auch. Sie war so daran gewöhnt, alleine zu sein, dass es ganz ungewohnt für sie war, etwas zu tun, was andere vorschlugen. Sie freute sich darüber, jetzt Freunde zu haben, aber sie musste sich offenbar erst darauf einstellen.

»Zeigt mir, wohin wir schwimmen!«, sagte sie fröhlich.

Die anderen schwammen voraus und führten Marina durch eine Unterwasserwelt aus leuchtend bunten Korallen, vorbei an seltsam geformten Felsen voller Seepocken und Anemonen und durch riesige blühende Oktokorallen. Sie fanden weder Seepferdchen-Babys noch junge Fetzenfische oder Seenadeln, begegneten aber einer Menge anderer Meeresbewohner.

»Nimm dich vor den Seeigeln in Acht!«, warnte Koralie, als sie über einen rosa-weiß gemusterten Teppich von Seeigeln hinwegschwammen, die auf dem sandigen Meeresboden lagen. Sie schwammen alle etwas höher, denn niemand von ihnen wollte einen Seeigelstachel in der Flosse haben! Doch dann entdeckte Marina eine Plastiktüte, die sich in den Stacheln eines der Igel verfangen hatte. Sie tauchte hinab, entfernte sie und stopfte sie in ihre Schultasche.

»Ich hasse dieses Plastikzeug!«, sagte sie. »Es zerstört so viel in den Meeren.«

»Ich auch!«, stimmte Naya ihr zu. »Wenn doch

nur jemand etwas erfinden würde, um das alles loszuwerden!«

»Seht mal dort!«, sagte Kai auf einmal.

Direkt vor ihnen bewegte sich etwas auf dem Meeresboden. Ein kleiner Delfin hatte sich mit Kopf und Flossen in einem blauen Plastiknetz verfangen und zappelte jetzt verzweifelt. Seine Mutter schwamm über ihm im Kreis und fiepte angstvoll.

»Wir müssen ihn retten«, sagte Koralie entschlossen. »Luna, kannst du etwas tun?«

Marina wunderte sich, wieso Koralie das jüngere Meermädchen um Hilfe bat. »Ich kann versuchen, ihm zu helfen«, bot sie an.

»Nein, warte. Lass Luna das machen«, sagte Naya und hielt Marina am Arm zurück.

Sie blieben mit ihren Tieren stehen und beobachteten, wie Luna summend auf den kleinen Delfin zuschwamm. Als der er ihr Summen hörte, wurde er ruhiger.

Seine dunklen Augen fixierten Luna und er war nicht mehr panisch. Leise summend schwamm sie näher.

»Alles gut«, murmelte sie leise, während der Delfin sie voller Vertrauen beobachtete. »Es wird alles gut. Sei ganz ruhig!« Immer noch summend strich sie dem kleinen Delfin über den Rücken. Er lag ganz still, während sie seinen Kopf und die Flossen von dem Netz befreite. Auch die Mutter des Kleinen schwamm nicht mehr panisch hin und her, sondern beobachtete Luna genau.

»So, jetzt bist du wieder frei!«, sagte Luna schließlich und stopfte das Netz in ihre Schultasche. Der kleine Delfin legte seinen Kopf in ihre Arme und seine Mutter vergrub ihre Nase dankbar in Lunas dunkelrotem Haar.

Marina beobachtete das erstaunt. Obwohl die wilden Tiere in der Regel keine Angst vor den

Meerleuten hatten, blieben sie doch meistens außer Reichweite. Aber diese beiden Delfine verhielten sich, als ob sie so zahm wären wie Jet.

»Wie hat Luna das gemacht?«, flüsterte Marina.

Naya zuckte mit den Schultern. »Alle Meerestiere mögen sie. Deshalb schwimmen ihr auch immer welche hinterher.«

»Schau dort drüben«, sagte Kai und wies mit dem Kopf auf einen blauroten Fangschreckenkrebs, der quer über den Meeresboden auf Luna zukrabbelte, die immer noch im Sand saß und den kleinen Delfin streichelte. Ein Seepferdchen kam aus einem Büschel Seegras geschwommen und setzte sich auf ihre Schulter. Der Krebs kletterte auf ihren Schoß und Luna tätschelte ihn.

»Tut mir leid, aber ich muss schon wieder los«, sagte sie. »Nehmt euch bitte vor diesem Plastikzeug in Acht!«

Den Krebs setzte sie vorsichtig auf einen Felsen und das Seepferdchen in das Seegras. Dann gab sie dem kleinen Delfin einen Kuss und schwamm zurück zu den anderen.

»Das war fisch-tastisch!«, rief Marina, als Luna auf sie zugeschwommen kam.

»Danke.« Luna freute sich. »Wenn ich groß bin,

will ich im Meerestierheim arbeiten, genau wie meine Mutter.«

»Das wirst du mega-krabbig machen!«, sagte Koralie und lächelte ihrer kleinen Cousine zu. Dann kicherte sie und stupste Luna. »Hey, wisst ihr, wie man Krabben nennt, die nicht laufen können?«, fragte sie mit Blick auf den Fangschreckenkrebs.

»Wie?«, fragte Luna.

»Krabbe-ler!« Koralie machte eine schnelle, kraftvolle Bewegung mit ihrem Schwanz und schoss davon, während die anderen alle aufstöhnten. »Wir könnten Verstecken spielen!«, schlug sie vor. »Aber ich muss nicht suchen! Als Erste gesagt!«

»Dann suche ich«, bot Kai an. »Los, versteckt euch – ich zähle schnell!«

Sie hatten viel Spaß beim Versteckenspielen. Ihre Tiere spielten auch mit. Nessi, Tommi und Jet waren immer schnell gefunden, aber Sami konnte sich hinter den kleinsten Muscheln verstecken.

Marina fand schnell heraus, dass Oktavia gerne schummelte, indem sie eine Wolke dunkler Tinte ausstieß und dann rasch davonschwamm, sobald man sie entdeckt hatte.

Als Luna losmusste, verabschiedeten die anderen sich von ihr und schwammen in Richtung Tiefsee-Korallenriff. Kais Mutter, Indra, hatte dort immer noch gemeinsam mit dem älteren Meermann Wachdienst.

»Dürft ihr vier Kids wirklich schon alleine raus ins offene Meer schwimmen?«, fragte der Meermann mit gerunzelter Stirn.

»Das geht schon in Ordnung, Rohan«, sagte Indra. »Heute waren ja keine Haie unterwegs. Aber ihr seid trotzdem vorsichtig!«, ermahnte sie Kai. »Sobald ihr irgendetwas Seltsames bemerkt, kommt ihr geradewegs hierher zurück!«

»Na klar, Mam«, versprach er und mit einem kräftigen Flossenschlag schwamm er davon.

Die anderen folgten ihm mit raschen Bewegungen ihrer Flossen.

»Mein Vater ist bestimmt auch noch draußen am Tiefseeriff«, sagte Marina.

»Ich kann es kaum erwarten, ihn kennenzulernen«, sagte Naya. »Ich habe so viele Fragen, die ich ihm stellen will!«

Beim Riff angekommen tauchten sie hinab. Je tiefer sie schwammen, desto kälter und trüber wurde das Wasser. Im Vergleich zu dem heimatlichen seichten Riff war das Tiefseeriff eine Welt blasser Korallen mit nur einem gelegentlichen Farbklecks: zum Beispiel ein stahlblauer Seestern,

eine lila und grünlich schimmernde Qualle oder eine Gruppe von zylindrischen orangefarbenen Seescheiden. Es war so viel stiller und ruhiger als auf dem quirligen Korallenriff daheim – und es schien, als ob viel weniger Tiere hier lebten. Aber Marina wusste, dass viele der Lebewesen auf diesem Riff sich tagsüber in Felsspalten und Höhlen verbargen und erst nachts herauskamen, um zu fressen. Sie schwamm voraus durch einen dunklen Wald aus hochgewachsenen Korallenbäumen. Die Stille war gespenstisch.

»Heute Morgen war mein Vater hier in der Nähe«, sagte Marina, als sie die Höhlen erreichten.

»Ich habe gehört, dass es in einigen dieser Höhlen Tunnel gibt, die Hunderte von Metern nach unten führen. So tief, dass es dort unten kein Licht mehr gibt – und sogar noch tiefer bis in die Meeresgräben, die über sechstausend Meter tief sind.« Kai klopfte Tommi auf den Panzer. »Nicht, dass du mir da mal runterschwimmst, Tommi!«

Die Meeresschildkröte schüttelte den Kopf.

»Was wir wohl finden würden, wenn wir bis in die lichtlosen Tiefen der ewigen Finsternis hinabtauchen würden?«, überlegte Koralie. »Seeschlangen? Riesenkraken? Seeungeheuer?«

Jet stieß einen Pfiff aus.

»Alles gut«, sagte Koralie und tätschelte ihn. »Da tauchen wir nicht runter. Ich weiß, dass das zu tief für dich ist!«

»Trotzdem wäre es bestimmt spannend, diese Tiefseeregionen mal zu erforschen!«, sagte Naya sehnsüchtig.

Marina schwamm in eine der Höhlen und schaute sich um. »Ob es in dieser Höhle so einen Tunnel nach unten gibt, ich ... oh, verflixte Flunder! Was ist denn hier passiert? Seht euch das mal an!«

Die anderen kamen zu ihr geschwommen. Es war ziemlich dunkel in dieser Höhle, aber trotzdem konnten sie erkennen, dass dort drinnen alles kaputt war. Aus den Wänden und der Decke waren große Korallenstücke herausgebrochen und lagen kaputt auf dem Höhlenboden. Ganz hinten in der Höhle war ein Tunnel, und es sah aus, als sei etwas richtig Schweres daraus hervorgeschossen, denn auch der schwarze Eingang zu diesem Tunnel war zerklüftet und zerborsten. Blaugrüne röhrenförmige Schwämme, die an den Wänden der Höhle gewachsen waren, lagen jetzt platt und zerdrückt auf dem Boden und die

Korallen um den Höhleneingang waren zersplittert oder locker.

»Wer hat das getan?«, flüsterte Kai.

»Irgendetwas sehr, sehr Starkes!«, antwortete Marina.

»Und Gefährliches«, ergänzte Koralie. »Welches Tier zerstört einfach so ohne Grund eine Höhle?«

Jet und Tommi klickerten aufgeregt, während Sami sich in Marinas Haar versteckte und Oktavia ihre Arme um Nayas Hals schlang.

»Ich finde, wir sollten deine Mam holen, Kai«, sagte Naya besorgt. »Das müssen die Wachen wissen. Vielleicht ist etwas Gefährliches hier zum Riff gekommen.«

»Jet und ich holen sie«, sagte Koralie. »Wir können am schnellsten schwimmen.«

»Okay! Dann warten wir hier«, sagte Marina.

Koralie und Jet schwammen davon.

»Sag mal, Marina«, sagte Kai auf einmal. »Du hast vorhin gesagt, dass dein Vater hier unten war. Meinst du, ihm geht es gut?«

Marina bekam eine Gänsehaut. Wo war ihr Vater? »Ich muss ihn suchen!«, rief sie aufgeregt.

Kapitel 4

Der Chef der Wachen

»Wir helfen dir beim Suchen«, sagte Naya sofort. »Und unsere Tiere auch!«

Sie teilten sich auf. Oktavia, Tommi und Sami suchten im Korallenwald, während Marina, Kai und Naya in den Höhlen nachschauten.

»Guckt euch das hier an«, sagte Naya, die aus der zerstörten Höhle kam. Sie hatte einen flachen Gegenstand in der Form eines Diamanten gefunden. Das Ding war so groß wie ihre Hand, glatt und an einer Seite schimmerte es silbrig blau. Sie zeigte es Marina. »Was ist das?«, fragte sie.

Marina betrachtete es genau: Das Ding war

hart wie Stein und etwa so dick wie zwei ihrer Finger. So etwas hatte sie noch nie zuvor gesehen. »Ich habe keinen Schimmer!«, gestand sie. »Vielleicht ist es eine seltsame Koralle?«

Naya strich mit dem Finger über den Gegenstand. »Nein. Dafür ist dieses Ding zu glatt und zu fest. Vielleicht ist es ein Stein oder ein Fossil?«

Marina zuckte mit den Schultern. Im Augenblick war es ihr viel wichtiger, ihren Vater zu finden, als herauszufinden, was das für ein seltsamer Gegenstand war.

In dem Moment kamen Sami und Tommi zurückgeschwommen. Tommi nahm Kais Arm in sein Maul und zog sanft daran. Sami sauste vor Marinas Gesicht hin und her und wackelte mit seinen Hörnchen.

»Ich glaube, sie wollen uns etwas zeigen!«, meinte Kai.

Marina steckte den merkwürdigen Gegenstand in ihre Tasche, dann schwammen sie rasch Sami und Tommi hinterher bis zu einer Stelle, an der Korallenbäume umgeworfen und kleinere Korallenbüsche zerschmettert worden waren.

»Wer auch immer die Höhle zerstört hat, muss auch das hier getan haben!«, sagte Marina.

Oktavia kam mit wehenden Fangarmen zu ihnen zurück und schüttelte vor Naya ihren Kopf.

»Sie meint, dass sie der Spur der zerstörten Korallen gefolgt ist, aber leider nichts weiter gefunden hat«, übersetzte Naya.

Oktavia nickte heftig.

»Seht mal hier!«, rief Naya und tauchte rasch nach unten, um etwas Silbernes neben einem der umgefallenen Korallenbäume aufzuheben. »Noch so ein seltsames Ding. Was ist das?«

In dem Moment kam Jet von oben angeschwommen, dicht hinter ihm Koralie und fünf Wachen, alle bewaffnet mit Dreizacken. Auch der Chef der Wachen, ein Meermann namens Raziem, und Indra, Kais Mutter, waren dabei. Raziem hatte einen dunklen Bart, kurze braune Haare und stechende blaue Augen.

»Wo ist diese zerstörte Höhle?«, wollte er wissen.

»Hier drüben, Raziem«, antwortete Kai und deutete auf die Höhlen hinter sich.

»Und hier ist auch alles zerstört«, sagte Marina und deutete mit ausgebreiteten Armen auf die umgestürzten Korallenbäume um sich herum.

Während Indra zu ihnen schwamm, führte

Naya Raziem und die übrigen Wachen zu der Höhle.

»Geht es euch gut?«, fragte Indra besorgt.

Die Freunde nickten.

»Aber ich mache mir Sorgen um meinen Vater«, sagte Marina. »Heute Morgen war er hier, aber jetzt kann ich ihn nirgendwo finden.«

»Kein Grund zur Sorge«, beruhigte Indra sie. »Dein Vater ist gegen Mittag nach Hause geschwommen. Er hat sich ein paar Minuten mit mir unterhalten und erzählt, dass er einige interessante Proben gefunden hat, die er jetzt erst mal untersuchen wollte.«

Marina fiel ein Stein vom Herzen. »Uff!«, sagte sie. »Was bin ich froh, dass er in Sicherheit ist!«

Naya, Raziem und die Wachen kamen zurück.

»Raziem, wer, glauben Sie, ist für diese Zerstörung verantwortlich?«, fragte eine der Wachen.

»Haie!«, erwiderte Raziem sofort.

Marina runzelte die Stirn. »Haie?«, wiederholte sie.

»Selbstverständlich«, bekräftigte Raziem. »Die beiden Walhaie, die wir gestern draußen im offenen Meer entdeckt haben. Ich verwette meine Flosse, dass sie das getan haben. Walhaie sind auf jeden Fall groß genug, um so eine Zerstörung zu verursachen. Außerdem sind es bösartige und gewalttätige Biester!«

»Das sind sie nicht!«, widersprach Marina. »Graue Riffhaie oder Tigerhaie können gelegentlich aggressiv sein. Aber Walhaie sind ganz sanfte Tiere. Sie würden niemals so eine Zerstörung anrichten!«

Der Chef der Wachen musterte Marina mit einem Blick, als ob sie nichts weiter als eine lästige kleine Garnele wäre. »Was weißt du schon über Haie, Kleine?«

»Nun, ich bin mit meinem Vater viel gereist«, erwiderte Marina, »wir haben unterwegs ganz viele unterschiedliche Haie getroffen. Die meisten sind sanft. Aber selbst die aggressiven Haie würden eine Höhle nicht grundlos zerstören. Das sind intelligente Wesen und sie …«

Der Anführer der Wachen unterbrach sie. »Schweig! Du bist nur ein Kind und weißt nicht, was du da redest!«

Marina war empört. Sie sah, dass Indra ihr einen mitfühlenden Blick zuwarf.

»Haie sind bösartig und gewalttätig«, fuhr Raziem fort. »Mehr gibt es dazu nicht zu sagen. Wachen, haltet eure Dreizacke bereit und findet diese Walhaie. Jagt sie mit allen nötigen Mitteln von hier weg. Und ihr Meerkinder müsst sofort zu unserem sicheren Riff zurückkehren. Eure Tiere nehmt ihr mit!«

Koralie, Naya und Kai schwammen gehorsam los. Aber Marina bewegte sich nicht.

»Bitte jagen Sie diese Walhaie nicht, Raziem. Ich bin mir ganz sicher, dass sie das hier nicht angerichtet haben. Sie sind lieber im offenen Meer, nicht hier unten am Riff. Außerdem, sehen Sie hier, was wir gefunden haben. Das sind vielleicht wichtige Hinweise …«

»Schweig!«, donnerte der Chef der Wachen. »Verschwinde hier!«

»Marina, bitte komm mit!«, drängte Kai.

Marina zögerte. Sie war es nicht gewohnt, dass man sie ignorierte. Ganz besonders nicht, wenn sie etwas Wichtiges gefunden hatte. »Aber …«, begann sie.

»Marina!«, unterbrach Indra sie und schwamm zu ihr. »Du warst uns eine sehr große Hilfe. Aber jetzt schwimm mit den anderen zurück!« Sie warf einen Seitenblick auf Raziems wütendes Gesicht. »Na los!«

Kai zog sie am Arm. Marina seufzte, ließ sich aber wegziehen. Sie sah ein, dass der Chef der Wachen nicht auf sie hören würde.

»Nicht zu glauben, dass du Raziem widersprochen hast«, sagte Naya ehrfurchtsvoll, als sie davonschwammen.

»Das war keine gute Idee«, sagte Kai. »Er hat sehr viel Einfluss. Mam sagt, dass er ziemlich jähzornig ist.«

»Aber er irrt sich!«, rief Marina. »Oh, hoffentlich sind die Wachen nicht böse zu den armen Walhaien!«

»Keine Sorge, sie werden sie einfach nur wegjagen«, sagte Kai. »Meine Mutter würde niemals ein friedliches Meerestier verletzen!«

Marina runzelte die Stirn. Auch den Gedanken, dass jemand die Walhaie erschreckte, mochte sie gar nicht.

»Marina, wenn du denkst, dass es die Walhaie nicht waren, wer sonst?«, fragte Koralie.

»Das weiß ich leider auch nicht«, musste Marina zugeben. »Ich kann mir einfach kein Lebewesen vorstellen, das mutwillig und ohne Grund so eine Zerstörung anrichtet.«

»Meinst du, es könnte eine Seeschlange gewesen sein?«, fragte Kai. »Oder vielleicht eine Riesenkrake?«

»Wir könnten doch deinen Vater fragen, was er vermutet«, schlug Naya vor.

»Gute Idee«, sagte Marina. Sie war entschlossen, dieses Rätsel zu lösen. »Am besten fragen wir ihn gleich jetzt!«

Die Höhle, in der Marina und ihr Vater wohnten, bestand aus einem großen Wohnraum, in den drei kleinere Höhlen mündeten: zwei Schlafzimmer und ein Arbeitszimmer. In der Mitte des Wohnbereiches stand ein riesiger Behälter mit flackerndem grünen Nixenfeuer. Die aus der Wand wachsenden Korallen bildeten natürliche Regale, auf denen Muschelteller und Steinbecher standen. Und dort gab es auch jede Menge Dinge, die Marina und Tarak unterwegs auf ihren Reisen gesammelt hatten, zum Beispiel ungewöhnliche Fossilien, Perlen und poliertes Meerglas. Auf dem Boden lagen einige bequeme orange- und lilafarbene Schwämme als Sitzmöbel und ein aus Seegras gewebter Teppich. Außerdem hatte Marina die Gehäuse von kleinen Kaurischnecken auf einen Seegrasfaden gefädelt und die Wände damit dekoriert, damit es in der Höhle noch hübscher aussah. Auf die gleiche Weise hatte sie die Vorhänge hergestellt, die nun die Eingänge zu den Schlafhöhlen abtrennten.

Marina schwamm in das Arbeitszimmer. »Paps!«, rief sie.

Ihr Vater sah von dem Seeigel auf, den er gerade auf seinem Korallenschreibtisch betrachtete.

»Hallo, meine Süße. Ist die Schule schon aus?«

»Schon seit Ewigkeiten«, antwortete Marina. Sie umarmte ihren Vater, und weil sie sich unten am Tiefseeriff solche Sorgen um ihn gemacht hatte, fügte sie hinzu: »Was bin ich froh, dass du in Sicherheit bist!«

Ihr Vater sah sie überrascht an. »Aber wieso sollte ich das denn nicht sein?«

Marina erzählte ihm, was passiert war.

»Klappernde Klippenkrabben! Davon habe ich gar nichts mitbekommen!«, rief Tarak Silberflosse. »Wobei, das Riff dort unten ist so groß und reicht so tief hinab, dass es eigentlich nicht weiter überraschend ist. Das ist ein wirklich faszinierender Ort, Marina. Dort leben so viele Arten – Lebewesen, von denen wir bislang kaum etwas wissen …«

»Paps, warte mal«, unterbrach Marina ihren Vater. Wenn er mit seiner Begeisterung über Riffe erst einmal in Fahrt gekommen war, ließ er sich nur schwer bremsen. »Ich habe in der Schule heute ein paar neue Freunde gefunden. Sie sind mit hierhergekommen. Wenn du willst, stelle ich sie dir vor!«

Sie ergriff seine Hand und zog ihn in den Wohnbereich, wo ihre Freunde warteten.

»Das sind Kai, Koralie und Naya«, stellte sie vor. »Und das hier ist mein Vater, Tarak Silberflosse.«

»Der Wahnsinn!«, flüsterte Naya, »Hallo! Ich finde Sie ganz grandios, Herr Silberflosse. Ich habe ganz viele Artikel von Ihnen gelesen über Meeresbewohner und Korallenriffe und dass wir sie unbedingt schützen müssen.«

»Tatsächlich?«, fragte Tarak und sah dabei sehr erfreut aus.

»Ja«, antwortete Naya und nickte heftig. »Wenn ich älter bin, möchte ich auch eine Wissenschaftlerin oder Erfinderin werden. Marina hat uns erzählt, dass Sie das Tiefseeriff untersuchen wollen.«

»Genau«, bestätigte Tarak Silberflosse mit leuchtenden Augen. »Es gibt so viele Tierarten, die dort leben, sich fortpflanzen und ihre Jungen aufziehen! Einige davon sind ungeheuer selten. Ich glaube sogar, dieses Tiefseeriff könnte ein Ort sein, an dem man noch Quastenflosser findet.«

»Quastenflosser?«, wiederholte Koralie. »Was ist das denn?«

»Das sind große Fische, die man manchmal auch lebende Fossilien nennt, weil sie zu den ältesten Lebewesen auf der Welt gehören«, antwortete Naya begeistert. »Sie können bis zu zwei Meter lang werden und haben sehr harte, knochige Schuppen, genau wie die Fische in prähistorischen Zeiten. Man hatte angenommen, sie seien schon seit Millionen von Jahren ausgestorben, aber dann sind einige lebendige Exemplare gefunden worden, nicht wahr?«, wandte sie sich fragend an Tarak Silberflosse.

Er nickte. »Ja, aber nur ganz wenige. Und bislang ist es noch niemandem gelungen, diese Spezies irgendwo zu beobachten, sodass wir nahezu nichts über ihre Lebensweise wissen. Ich vermute, dass ein unberührtes Tiefseeriff wie das vor unserer Haustür genau der Ort sein könnte, an dem man sie noch finden kann.«

»Das wäre ja wirklich krill-liant, wenn man hier welche beobachten könnte! Sie sind dunkelblau, oder? Mit hellen Punkten?«, fragte Naya aufgeregt.

»Das stimmt. Ich habe ein ziemlich gutes Bild von einem Quastenflosser in meinem Arbeitszimmer. Möchtest du es sehen?«, fragte Tarak.

»Oh ja, unbedingt!«, flüsterte Naya.

Tarak schwamm in sein Arbeitszimmer und Naya folgte ihm.

Marina schüttelte den Kopf. »Die beiden sehen wir jetzt erst einmal nicht wieder«, meinte sie.

Koralie grinste. »Naya war ja völlig aus dem Häuschen vor Begeisterung! Das werden wir uns garantiert noch oft anhören müssen!«

»Und was tun wir, während wir warten?«, fragte Kai.

Marina ließ sich auf einen der weichen Schwämme sinken. »Wir müssen unbedingt das Rätsel um die zerstörte Höhle lösen«, sagte sie.

Kapitel 5

Ein ungelöstes Geheimnis

»Welche Anhaltspunkte haben wir?«, begann Marina. »Es war ungeheuer viel kaputt, was darauf hindeutet, dass das Wesen, das die Höhlen zerstört hat, groß und sehr stark gewesen sein muss.«

»Stark genug, um einen Korallenbaum umzuwerfen!«, ergänzte Kai.

Jet lag neben Koralie, die einen Arm über ihn gelegt hatte. Er öffnete das Maul und pfiff leise. »Genau, du hast recht, Jet. Man muss sehr scharfe Zähne haben, um eine Koralle aus der Höhlenwand zu reißen«, sagte sie.

»Und dann sind da noch diese beiden silbrigen

Dinger«, sagte Marina und kramte sie aus ihrer Tasche hervor.

»Sie bestehen aus mehreren Schichten«, stellte Kai fest, der eins in die Hand genommen hatte und es aufmerksam von der Seite betrachtete. »Und die glänzende Seite fühlt sich ein bisschen an wie die Oberfläche eines Zahnes.«

»Wenn das ein Zahn ist, dann ist das der seltsamste Zahn, den ich jemals gesehen habe!«, bemerkte Koralie, die das zweite Ding in die Hand genommen hatte und es von allen Seiten inspizierte. »Welches Tier hat flache, rautenförmige, silbrige Zähne?«

»Vielleicht haben die beiden Dinger ja auch überhaupt nichts mit der Zerstörung in der Höhle zu tun?«, überlegte Kai.

»Ich finde, wir sollten das trotzdem als einen Hinweis betrachten«, entschied Marina. »Vielleicht hat mein Vater ja eine Idee, was dort am Riff vor sich geht. Paps!«, rief sie. »Wir brauchen deine Hilfe!«

Tarak und Naya kamen zurück und Marina erklärte, worüber sie rätselten.

»Welches Tier könnte so eine schlimme Zerstörung anrichten?«, fragte sie.

»Dornenkronen-Seesterne können ganze Korallenriffe innerhalb weniger Tage zerstören«, sagte Tarak. »Sie fressen Korallen.«

»Aber sie würden keine Korallenbäume umwerfen?«, fragte Kai.

»Das nicht«, bestätigte Tarak. »Außerdem bevorzugen sie in der Regel flacheres und wärmeres Wasser.«

»Das hier haben wir auch noch gefunden«, sagte Koralie und hielt das merkwürdige Ding hoch. »Aber wir wissen leider nicht, was es ist.«

»Wir haben zwei davon«, sagte Naya.

»Faszinierend!«, fand Tarak und untersuchte es. »Es hat die Form und Struktur einer Fischschuppe. Doch es ist viel zu groß und zu schwer für eine Schuppe. Die Oberfläche sieht aus wie aus Emaille. Tut mir leid, ich habe keinen Schimmer, was das ist!«

Marina seufzte. »Wir kommen einfach nicht weiter!«

»Ich werde auf jeden Fall die Augen offen halten, wenn ich morgen wieder draußen am Riff arbeite!«, versprach Tarak.

»Halten Sie es für möglich, dass irgendein Seeungeheuer die Höhle zerstört hat?«, fragte Kai.

»Mein Cousin hat behauptet, dass immer wieder Meermonster durch die Tunnel nach oben kämen und zu unserem Riff schwämmen. Angeblich fressen sie gerne Meermädchen und Meerjungen!«

Tarak lächelte. »In den Tiefen der Meere verbirgt sich so einiges. Manches davon könnte man vielleicht tatsächlich als Seemonster bezeichnen. Aber ich bezweifle, dass sie hierher zu diesem Riff kommen würden, um Meerleute zu fressen. Ich glaube, dass sie lieber in den Tiefen des Ozeans bleiben und sich von diesem flachen, seichten Riff fernhalten.« Er rieb sich das Kinn. »Das hier ist wirklich ein Rätsel!«

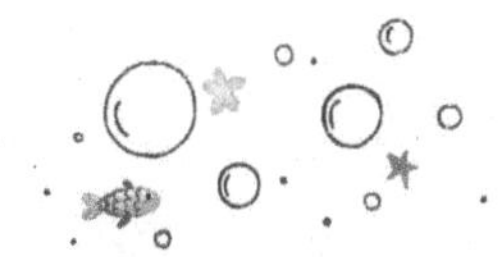

»Habt ihr schon von dem Angriff am Tiefseeriff gestern gehört?«, fragte Glenda triumphierend mit schriller Stimme eine Gruppe von Meermädchen und Meerjungen, als Kai und Marina am folgenden Tag zur Schule kamen. »Zwei Haie waren schuld. Mein Vater hat es sofort erkannt. Er hat die Haie gefunden und davongejagt. Aber er ist ja natürlich auch der Chef der Wachen!«

Sie sah noch selbstgefälliger aus als sonst.

»Raziem ist Glendas Vater?«, flüsterte Marina Kai zu.

Kai nickte und seufzte. »Und sie sorgt dafür, dass keiner von uns das je vergisst!«

»Hat dein Vater wirklich ganz alleine zwei Haie davongejagt?«, fragte eine von Glendas Freundinnen tief beeindruckt.

Glenda nickte.

»Sie lügt«, flüsterte Kai. »Meine Mutter war dabei und die anderen Wachen auch!«

»Dein Vater ist so mutig!«, sagte ein anderes Meermädchen.

Glenda lächelte überheblich. »Das stimmt. Und er sagt, ich bin ihm so ähnlich!«

»Ich würde ja wirklich gerne mal sehen, wie Glenda einem Hai hinterherjagt«, zischte Kai. »Ich wette, schon wenn sie nur von Weitem einen sähe, wäre sie schneller weg als ein Schwarzer Marlin!«

In dem Moment kamen Koralie und Luna an.

»Kai! Marina!«, rief Luna und schwamm rasch zu ihnen rüber. »Koralie hat erzählt, dass ihr gestern die Zerstörungen am Tiefseeriff entdeckt habt, über die jetzt alle reden. Hattet ihr denn gar keine Angst? Koralie sagt, dass es vielleicht sogar ein Meermonster gewesen sein könnte!« Sie hatte ganz große Augen.

Die Meermädchen und Meerjungen, die eben noch an Glendas Lippen gehangen hatten, drehten sich um.

»Ihr wart in der Höhle?«, fragte einer der Meerjungen.

»Ihr habt die Zerstörung mit eigenen Augen gesehen?«, fragte eine Nixe und kam rübergeschwommen. »Wie sah es dort aus?«

»Einfach entsetzlich!«, sagte Kai dramatisch. »Überall abgebrochene Korallen.« Er machte ausladende Gesten mit den Händen, und seine Augen leuchteten, als er anfing zu erzählen. »Ganze Korallenbäume waren umgestürzt. Es sah aus, als ob ein ungeheures Meermonster oder eine riesige Seeschlange durch das Riff geschwommen wäre. Ich habe keine Ahnung, was genau es war, aber ich habe einen riesigen Schatten in der Ferne verschwinden sehen.«

Jetzt scharten sich alle um ihn.

»Echt?«

»Wie sah der aus?«

»Mit großen Zähnen?«

Glenda war verstimmt, dass sie ihre Zuhörerinnen und Zuhörer verloren hatte. »Das waren

einfach nur ein paar Walhaie«, sagte sie laut. »Und mein Vater hat die beiden gesucht, gefunden und weggejagt.«

Aber außer ihren beiden besten Freundinnen hörte ihr jetzt niemand mehr zu – und selbst die schoben sich näher zu Kai, um seiner Geschichte zu lauschen.

»Gab es Zahnabdrücke an den Korallen?«, fragte ein Meerjunge. »Meine Mutter sagt, ja.«

»Und was für welche!«, bestätigte Kai, der jetzt erst so richtig in Fahrt kam. »Gigantische Bissspuren. Das hättet ihr sehen sollen!«

»Ich wette, das war ein Meermonster!«, flüsterte eins der Meermädchen. »Bestimmt frisst es auch Meerleute!«

Glenda runzelte die Stirn. »Wieso hört mir keiner zu? Es waren Walhaie! Zum Glück ist mein Vater die gründlich losgeworden, sonst wären wir vielleicht wirklich alle in Gefahr!«

»Nein, das wären wir ganz sicher nicht«, widersprach Marina. »Walhaie tun nämlich niemandem etwas. Das sind ganz sanfte Tiere!«

»Was weißt du schon über Haie!«, fuhr Glenda sie an. »Mein Vater sagt, Haie sind heimtückisch – und er weiß das besser als du!«

Sie drehte sich um und schwamm mit ihren beiden Freundinnen davon. Als sie an Luna vorüberschwamm, fegte sie Lunas Schwanz mit Absicht zur Seite, wodurch das Meermädchen einen unfreiwilligen Salto schlug.

Marina schwamm Glenda hinterher, überholte sie und stellte sich ihr in den Weg, sodass sie stehen bleiben musste.

»Das habe ich gesehen!«, fauchte Marina.

»Was denn?«, fragte Glenda und tat ahnungslos.

»Ich habe gesehen, wie du Luna geschubst hast!«, sagte Marina und streckte ihre Hand aus, um Luna aufzuhelfen.

»Habt ihr gesehen, dass ich etwas getan habe?«, fragte Glenda ihre Freundinnen.

»Natürlich nicht!«, erwiderten die beiden im Chor.

»Du bist ein echter Blindfisch, Marina«, sagte Glenda und grinste gehässig. »Vielleicht brauchst du eine Brille?«

»Hässlich wie ein Blindfisch ist sie außerdem!«, meinte eine von Glendas Freundinnen und kicherte.

Marina ignorierte sie und schwamm näher zu

Glenda. »Ich habe genau gesehen, was du getan hast! Tu Luna ja nicht noch einmal weh!«

»Hilfe, da bekomme ich jetzt ja richtig Angst!«, sagte Glenda höhnisch. Aber man konnte sehen, dass sie sich unter Marinas wütendem Blick sehr unwohl fühlte.

»Los, kommt schon!«, meinte sie zu den beiden anderen und streckte die Nase in die Luft. »Hier stinkt es!«

Sie schwammen davon.

»Danke!«, sagte Luna und ergriff Marinas Hand.

Marina drückte sie. »Glenda ist eine echte Tyrannin! Lass dich von ihr nicht herumschubsen!«

Sie schwammen zurück zu Kai, der gerade dabei war, den anderen auszumalen, wie sie dem dunklen Schatten gefolgt waren, ehe er zwischen den Bäumen verschwunden war. Marina hörte ihm zu und wünschte sich, dass alles, was Kai sich ausdachte, tatsächlich so passiert wäre, denn es klang so aufregend!

»Hatten du oder dein Vater noch eine Idee, was für ein Lebewesen das gewesen sein könnte?«, fragte Naya, die mit Koralie herangeschwommen kam.

»Leider nicht«, erwiderte Marina.

»Wir könnten doch heute nach der Schule wieder hinschwimmen!«, schlug Koralie mit leuchtenden Augen vor. »Dann schauen wir, ob wir noch ein paar weitere Hinweise finden.«

»Tut das nicht!«, bat Luna entsetzt. »Das klingt viel zu gefährlich!«

Marina lächelte ihr beruhigend zu. »Mach dir keine Sorgen, uns passiert schon nichts. Mit meinem Vater bin ich so viel herumgereist … ich weiß ganz gut, wie man auf sich aufpasst!« Sie wandte sich an die beiden anderen: »Und ihr beide wollt nach der Schule wirklich wieder raus zum Tiefseeriff schwimmen und versuchen, das Rätsel zu lösen?«

»Auf jeden Fall!«, riefen Koralie und Naya wie aus einem Mund.

Kapitel 6

Gefahr für das Riff

Direkt nach der Schule machten Marina, Kai, Naya und Koralie sich auf den Weg zum Tiefseeriff. Kais Mutter war wieder auf ihrem Wachposten vor dem Nixenfelsen, aber sie ließ sie ohne Weiteres durch.

»Die Walhaie sind jetzt ja wieder weg«, sagte sie. »Dann ist es dort bestimmt auch wieder sicher.«

Marina zögerte kurz, entschied dann aber, dass jetzt nicht der richtige Zeitpunkt war, um Kais Mutter einen Vortrag über Walhaie zu halten.

Die Freunde schwammen weiter, bis sie das Riff erreicht hatten.

»Kommt, lasst uns noch einmal in die Höhle

schwimmen«, sagte Marina, als sie den dunklen Korallenwald erreichten.

Das Tiefseeriff wirkte an diesem Tag ganz besonders düster und gespenstisch. Obwohl Marina ja wusste, dass Kais Geschichte über das Meermonster nur ausgedacht war, fiel es ihr ganz leicht, sich vorzustellen, dass ein nixenfressendes Monster hier irgendwo im Dunkeln auf sie lauerte. Ein Schauer lief ihr über den Rücken. »Ich kann dieses Rätsel lösen!«, dachte sie entschlossen.

»Vorsicht, Oktavia!«, rief Naya und zog den Oktopus an sich, als er fast in die langen, giftigen Stacheln eines roten Skorpionfisches geschwommen wäre, der auf einem Felsen saß.

Im düsteren Wasser kam eine Moräne auf sie zugeschwommen. Das Maul hatte sie offen, sodass man die rasiermesserscharfen Zähne sah und alle rasch zur Seite auswichen.

»Es gibt so viele gefährliche Tiere hier!«, stellte Koralie fest.

»Schaut mal dort rüber«, sagte Kai und deutete in die Finsternis. »Was ist das?«

Ein Tier von der Größe eines Delfins glitt lautlos durch das dunkle Wasser bei den Korallenbäumen.

»Das muss ein Fisch sein«, meinte Marina und schaute hinüber. »Ein ziemlich großer gefleckter Fisch.«

»Aber er hat viel mehr Flossen, als Fische normalerweise haben«, wandte Kai ein. »Sieh mal, vier sind unter seinem Bauch und dann noch mal vier ein wenig höher.«

»Er schwimmt rückwärts!«, rief Koralie. »Das ist ja seltsam! Ich habe noch nie einen Fisch rückwärtsschwimmen sehen!«

Naya hielt die Luft an. »Marina, ich glaube, das ist ein Quastenflosser! Der Fisch, den dein Vater sucht! Die gehören nämlich zu den wenigen Fischen, die rückwärtsschwimmen können. Und sie haben vier zusätzliche Flossen am Bauch.«

Während sie ihn beobachteten, drehte sich der Fisch, sodass er nun einen Kopfstand machte. Er presste den Mund in den Sand und sein Schwanz zeigte senkrecht nach oben zur Wasseroberfläche.

»Kopfstand kann er auch!«, stellte Kai überrascht fest.

»Das ist seine Art, Futter zu suchen«, erklärte Naya. »Wahrscheinlich hat er Krill im Sand gefunden. Da wird dein Vater sich aber freuen, Marina!«

Sie näherte sich dem Fisch und die anderen schwammen ihr hinterher. Doch sobald der Quastenflosser sie bemerkte, schoss er davon und verschwand hinter einem Korallenbaum. Und als sie den Baum erreichten, war er im dunklen Wasser nirgends mehr zu sehen.

»Oh«, machte Naya enttäuscht. »Er ist verschwunden!«

»Vielleicht versteckt er sich ja in einer dieser Höhlen?«, meinte Kai und schaute sich um.

Naya nickte. »Quastenflosser ruhen sich tagsüber aus. Wenn wir wüssten, wo er sich versteckt, könnten wir das deinem Vater sagen, damit er ihn beobachten kann!«, sagte sie zu Marina.

»Fangen wir an zu suchen!«, rief Marina aufgeregt und schwamm gleich in die erste Höhle.

Die anderen tauchten ihr hinterher.

»Hey, seht euch das hier an«, rief Koralie aus einer der kleineren Höhlen. »Hier ist auch ziemlich viel kaputt.«

Sie kamen zu ihr rüber und stellten fest, dass am Eingang große Stücke Koralle abgebrochen waren. Innendrin war die Höhle ebenso zerstört wie die, die sie gestern entdeckt hatten. Ganz hinten in der Höhle gab es einen Tunnel, der in die

Tiefe führte. Der Einstieg zu diesem Tunnel war ebenfalls kaputt.

»Ein Seeungeheuer!«, flüsterte Kai. »Es ist genauso, wie ich gesagt habe. Es ist durch diesen Tunnel nach oben gekommen und dann zur Höhle rausgeschwommen!«

»Das glaube ich nicht«, widersprach Naya und schwamm rüber. »Die Felsen und Steine sind vor allem in den Tunnel gefallen, nicht in die Höhle. Das bedeutet, etwas hat versucht, in den Tunnel hineinzugelangen …«

»… oder versucht zu verhindern, dass etwas aus dem Tunnel herauskommt«, ergänzte Marina nachdenklich.

Sie sahen einander besorgt an.

Oktavia schwamm zu Naya und zog mit einem ihrer Arme an ihr.

»Was ist los?«, fragte Naya.

Oktavia zog sie zum Höhleneingang. Neugierig schwamm Marina hinterher, um auch zu sehen, was Nayas Oktopus gefunden hatte. Der Oktopus ließ sich hinabsinken und zeigte auf den Boden. Marina entdeckte einen kreisförmigen Abdruck im Sand. Er maß etwa einen Meter im Durchmesser und war einen halben Meter tief.

»Was könnte das sein?«, rätselte Naya.

»Keine Ahnung«, erwiderte Marina.

»Hier drüben ist noch einer!«, rief Kai, der Tommi hinterhergeschwommen war. Er strich über den sandigen Krater. »So etwas habe ich noch nie gesehen!«

BUMM!

Aus der Ferne kam ein lautes Donnern.

»Was war das?«, fragte Naya unbehaglich.

Zwei große gefleckte Stachelrochen sausten in rasantem Tempo zwischen den Korallenbäumen hervor und rasten über den Köpfen der Meerkinder weiter. Ihnen dicht auf den Fersen war eine Schule silbriger Fische.

BUMM! KRACH!

»Wa…was ist da los?«, stotterte Koralie.

Die Korallen bebten bei jedem dieser lauten Geräusche. Sami versteckte sich in Marinas Haar und Tommi, Oktavia und Jet schwammen voller Panik im Kreis.

BUMM! KRACH! BUMM!

»Irgendetwas ist auf dem Weg hierher«, sagte Marina, als ein Tintenfisch an ihnen vorüberraste und eine Wolke dunkler Tinte hinter sich spritzte. »Wir müssen weg hier, aber schnell!«

Tommi tauchte unter Kai und zog ihn nach oben. Oktavia schlang vier ihrer Arme um Nayas Arm und zog sie hinter Tommi her. Jet keckerte

aufgeregt auf Koralie ein und zeigte mit der Nase nach oben.

Marina war klar, dass was auch immer da auf sie zukam, wirklich furchteinflößend sein musste, wenn ihre Tiere so reagierten. Wieder krachte es und die Korallen rund um sie herum erzitterten.

»Komm schnell!«, rief sie Koralie zu, die noch zögerte.

So schnell sie konnten, schwammen sie den anderen hinterher. Koralie drehte sich unterwegs um, schaute zurück und schwamm anschließend noch schneller. Sie gelangten höher und höher, bis sie irgendwann die Wasseroberfläche erreichten. Alle atmeten schwer. Ihre Tiere schwammen um sie herum und drängten sich an sie.

»Was … was war das?«, fragte Naya noch ganz außer Atem.

»Ich habe nicht die geringste Ahnung!«, gestand Marina.

Sie nahm Sami in beide Hände und küsste ihn. Sie war so froh, dass sie jetzt alle in Sicherheit waren.

»Ich habe mich umgedreht, während wir weggeschwommen sind«, sagte Koralie. »Und ich habe etwas gesehen. Etwas Riesiges!«

»So groß wie ein Walhai?«, fragte Naya.

»Viel größer!«, erwiderte Koralie. »Eher so groß wie ein Blauwal.«

Die anderen starrten sie an. Blauwale waren die größten Lebewesen der Weltmeere.

»Das müssen wir meiner Mutter erzählen«, drängte Kai. »Bestimmt hat dieses Riesentier auch die Höhlen und Korallenwälder zerstört.«

»Ich habe ja gleich gesagt, die armen Walhaie können nichts dafür!«, sagte Marina.

»Lasst uns weiterschwimmen!«, drängte Naya und sah sich ängstlich um. »Wir müssen den Wachen davon erzählen.«

So schnell sie konnten, schwammen sie zurück zum Nixenfelsen. Nachdem sie Kais Mutter alles berichtet hatten, nahm diese ein Muschelhorn von einem Felsen und blies laut hinein. Nicht lange darauf hatten sich alle Wachen versammelt und schwammen unter der Führung von Raziem hinab zum Tiefseeriff. Vorher banden sie ein Tau aus rotem Seegras um den Nixenfelsen. Das bedeutete, dass etwas Gefährliches im Gange war und dass jeder im seichten heimatlichen Riff bleiben und keinesfalls hinaus ins offene Meer schwimmen sollte.

Marina wartete besorgt und hoffte, dass die Wachen gesund zurückkehren würden. Was sie wohl dort unten finden würden? Kai hatte seinen Arm um Tommis Panzer gelegt und starrte hinab zum dunklen Riff. Koralie und Jet schwammen nervös im Kreis, und Naya sprach leise mit Oktavia und sah sorgenvoll drein.

»Was ist denn hier los?« Marinas Vater schwamm zu ihnen rüber. Er hatte seine Sammeltasche über der Schulter. »Und was soll dieses rote Tau bedeuten?«

Marina erzählte ihm, was vorgefallen war.

»Was bin ich froh, dass dir nichts passiert ist!«, sagte er, aber dann nahmen seine Augen einen versonnenen Blick an. »Hmmm. Trotzdem würde ich zu gerne wissen, was dort unten vor sich geht!«

Marina kannte diesen Blick. Er wollte am liebsten hinabtauchen und selber nachforschen. »Du kannst jetzt nicht zum Tiefseeriff hinuntertauchen, Paps.« Sie deutete auf das rote Tau. »Das bedeutet, dass wir alle hierbleiben sollen.«

Naya fiel etwas ein. »Herr Silberflosse!«, rief sie. »Sie werden nie erraten, was wir gesehen haben, ehe dieser Lärm losbrach: einen Quastenflosser!«

»Einen Quastenflosser?«, wiederholte Tarak. »Bist du dir ganz sicher?«

Naya nickte. »Er hatte die richtige Größe und die richtige Farbe. Außerdem haben wir gesehen, wie er rückwärtsgeschwommen ist und im Wasser Kopfstand gemacht hat. Er hatte vier Flossen am Bauch und harte Schuppen – genau wie der Quastenflosser auf der Zeichnung, die Sie mir gezeigt haben.«

»Erinnert ihr euch, wo ihr ihn gesehen habt?«, fragte Tarak erwartungsvoll. »Könntet ihr mir die Stelle vielleicht sogar zeigen?«

Marina runzelte die Stirn. Sie wusste genau, wie ihr Vater tickte. »Natürlich, aber jetzt kannst du nicht dort runtertauchen, Paps! Niemand darf den Nixenfelsen verlassen!«

Ihr Vater runzelte verärgert die Stirn. »Verflippte Flunderflossen! Was für ein schlechtes Timing!«

»Der Quastenflosser wird später bestimmt auch noch dort sein«, sagte Marina zu ihm.

»Wohl wahr!«, antwortete ihr Vater und nickte. »Es ist viel besser, wenn ich erst heute Nacht losziehe. Quastenflosser sind sowieso nachtaktive Tiere. Sie mögen kein Licht, sondern bevorzugen die Dunkelheit.« Er rieb sich die Hände. »Ein Quastenflosser. Der helle Wahnsinn!«

Als die Wachen zurückkehrten, machte Raziems Anordnung Taraks Pläne zunichte. Raziem blies drei lang gezogene Töne auf der Meermuschel – das bedeutete, dass alle Meerleute sich am Nixenfelsen versammeln sollten.

»Die Wachen und ich haben Anzeichen dafür gefunden, dass sich im Moment ein extrem großes, gefährliches Raubtier am Tiefseeriff aufhält«, begann Raziem, als sich alle eingefunden hatten – Meerfrauen, Meermänner und Meerkinder. »Wir wissen noch nicht, um was für ein Lebewesen es sich handelt, nur dass es bösartig und gewalttätig ist. Während wir versuchen, mehr herauszufinden, darf niemand runter zum Riff oder hinaus ins offene Meer schwimmen.«

Alle fingen an zu flüstern und zu rätseln: ein großes Raubtier … vielleicht eine Seeschlange … oder ein Riesenoktopus … ein unbekanntes Monster aus der Tiefe?

»Nicht zum Tiefseeriff schwimmen!«, rief Marinas Vater. »Aber das ist doch lächerlich, Raziem. Ich verlange, dass mir erlaubt wird, mit meiner Forschungsarbeit fortzufahren!«

»Ausnahmen werden keine gemacht!«, fuhr Raziem ihn an. »Niemand, außer den Wachen und mir, darf zum Tiefseeriff tauchen, bis wir dieses Monster im Griff haben.«

»Raziem!« Marina hob ihre Hand.

Stirnrunzelnd sah er sie an. »Ja?«

»Woher wissen Sie, dass dieses Tier gefährlich ist?«

»Wir haben den Schaden gesehen, den es angerichtet hat.«

»Aber Sie haben ja auch geglaubt, dass die Walhaie dafür verantwortlich wären, und das hat nicht gestimmt. Kann es nicht sein, dass Sie sich auch diesmal irren?«

»Genug, Kleine!«, fuhr Raziem sie an. »Das Tiefseeriff ist von nun an verbotenes Terrain. Ende der Diskussion. Mehr habe ich nicht zu sagen!«

Kapitel 7

Vermisst

Nachdem die Versammlung sich aufgelöst hatte, schwamm Marinas Vater ziemlich schlecht gelaunt nach Hause.

Marina gesellte sich zu den anderen.

Luna war auch dazugekommen. »Und ihr wart wirklich unten am Riff, als dieses Monster aufgetaucht ist?«, fragte sie. »Und wenn es euch angegriffen hätte?«

»Wir sind schnell abgehauen!«, sagte Koralie.

»Habt ihr es gesehen?«, wollte Luna wissen.

»Nein, ich konnte nur einen großen dunklen Schatten erkennen. Aber du hättest den Lärm hören sollen, den es gemacht hat!«

»Bumm! Krach! – Das war schon ziemlich furchteinflößend!«, gestand Kai.

»Ich würde gerne noch einmal zurückschwimmen!«, sagte Marina. Es war wirklich unheimlich gewesen, doch sie wollte unbedingt mehr wissen. »Ich würde zu gerne herausfinden, was das war!«

»Etwas Großes, Starkes, mit scharfen Zähnen, das offensichtlich weder Tunnel noch Korallenbäume besonders mag«, zählte Naya an ihren Fingern ab. »Ach ja, und vielleicht macht es auch merkwürdige Kreise in den Sand. Hat irgendwer eine Idee?«

»Nicht die allerkleinste!«, sagte Koralie.

»Dann müssen wir wohl doch warten, bis die Wachen mehr herausfinden«, meinte Kai.

Marina seufzte frustriert. »Ich will aber nicht warten!«

»Das verstehe ich, aber das werden wir wohl müssen!«, sagte Koralie.

Luna zupfte sie am Arm. »Hier zu unserem Riff wird das Monster aber nicht kommen, oder? So wie das Meermonster, das irgendwann einmal zu einem Riff geschwommen ist und dort alle Meerleute aufgefressen hat.«

Koralie nahm sie in den Arm. »Das ist nur eine

Geschichte! Wir sind hier sicher, Luna. Die Wachen werden uns auf jeden Fall beschützen!«

»Und was ist mit den Tieren unten am Tiefseeriff? Wer beschützt die?«, fragte Luna besorgt.

»Wollen wir nicht zusammen etwas unternehmen?«, schlug Marina rasch vor. Sie wollte das junge Meermädchen ablenken, ehe es sich noch mehr Gedanken machte. »Wir könnten noch mal nach Seepferdchen-Babys suchen! Das macht auf jeden Fall mehr Spaß, als hier herumzuhängen.« Sie nahm Luna an der Hand und drehte das Mädchen so lange, bis es anfing zu lachen. »Was meinst du dazu, Luna?«

»Einverstanden!«, japste Luna außer Atem.

Sie machten sich auf den Weg zum Riff und hinter Luna schwammen schon bald wieder einige Tiere her: ein Seepferdchen, ein gestreifter Drückerfisch und eine junge Karettschildkröte.

»Wie kommt bloß dieses Plastikzeug ins Meer?«, fragte Luna und tauchte nach unten, um eine Plastikflasche aufzusammeln, in die gerade ein orange-weißer Clownfisch reinschwimmen wollte.

»Das weiß ich auch nicht!«, sagte Marina. »Ich denke mal, den Menschen ist vermutlich gar nicht klar, wie viel Schaden sie damit anrichten.«

»Meine Mutter sagt, dass es mehr Plastik in den Meeren gibt als je zuvor«, sagte Kai.

»Was sagt ein Meer zum anderen?«, fragte Koralie.

»Was?«, fragte Luna nach.

»Wir haben die gleiche Wellenlänge!«

Koralie kicherte, als die anderen aufstöhnten.

»Wenn ich groß bin, will ich alle Meere bereisen!«, sagte Luna. »Und natürlich in dem Meerestierheim arbeiten!«

»Was ist mit dir, Marina?«, fragte Naya. »Was willst du später mal machen?«

»Ich weiß noch nicht genau«, erwiderte Marina. »Vielleicht forschen, so wie mein Vater.«

»Ich möchte zur Wache«, sagte Koralie.

»Was ich später tun möchte, weiß ich noch nicht«, sagte Kai und schlug einen Purzelbaum. »Irgendwas, das Spaß macht. Apropos …« Er tippte Marina an den Arm und Tommi auf den Panzer. »Lasst uns Fangen spielen. Du und Sami müsst fangen, Marina!«

»Krieg mich!«, rief Koralie und sauste davon.

»Fang mich!«, rief Luna.

Sie sausten umher, spielten Fangen und hörten erst auf, als sie alle völlig außer Atem waren und es Zeit war, zum Essen nach Hause zu schwimmen.

»Wir sehen uns morgen in der Schule!«, rief Marina, als sie sich auf den Weg nach Hause in ihre Höhlen machten.

Kai und Marina wohnten nicht weit voneinander entfernt, und als sie zu Kais Höhle kamen, schwamm seine Mutter gerade heraus.

»Da bist du ja«, sagte sie zu Kai. »Ich habe mich schon gewundert, wo du bleibst.«

»Habt ihr unten am Riff irgendetwas gefunden, Mam?«, fragte Kai drängend.

»Nein, nur jede Menge Zerstörung. Da unten lebt im Augenblick offenbar wirklich etwas sehr Großes und Gefährliches!«

»Ein Meermonster?«, fragte Kai.

»Das weiß ich nicht. Raziem glaubt, es ist etwas Bösartiges, aber ich bin mir da nicht sicher. Wie auch immer, er möchte, dass wir Wachen morgen ganz früh dorthin zurückkehren.« Indra lächelte Marina zu. »Ich hoffe, wir können das alles bald regeln, sodass dein Vater dort unten weiter forschen kann.«

Marina nickte. »Er wird es gar nicht gut finden, dass er nicht runter darf!« Ganz besonders nicht, seitdem er weiß, dass wir einen Quastenflosser auf dem Riff gesehen haben, fügte sie in Gedanken hinzu.

»Tschüss«, verabschiedete sie sich. »Bis morgen, Kai!«

Mit einem energischen Schwung ihrer Flosse schwamm sie nach Hause.

Ihr Vater war in seinem Arbeitszimmer, als sie nach Hause kam. Marina machte einen Seegras-Salat zum Abendessen und brachte ihm welchen. Tarak untersuchte gerade eines der silbrigen

Plättchen, die Naya gefunden hatte. Auf seinem Tisch stand ein Topf mit Nixenfeuer und er verglich den Gegenstand mit Bildern in einem Buch.

»Bitte schön, Paps, Abendessen!«, sagte Marina.

Ihr Vater hob kaum den Blick. »Ah, vielen Dank«, murmelte er. »Diese Gegenstände, die ihr gefunden habt, sind faszinierend, Marina! Es sieht aus, als ob sie aus mehreren Knochenschichten bestehen und mit einer Art hartem, glänzendem Lack überzogen sind. Der Aufbau ähnelt den Schuppen der Quastenflosser – aber es kann unmöglich eine sein. Das Ding hier hat nicht die richtige Form und ist viel zu groß und zu schwer … Aber was ist das? Und von was stammt es?« Er rieb sich nachdenklich das Kinn. »Ich muss dringend diesen Quastenflosser finden, den ihr dort unten am Riff gesehen habt. Wenn ich ihn näher untersuchen und beobachten kann, hilft mir das bestimmt weiter!«

Tarak wandte sich wieder seinem Buch zu. Sein Abendessen hatte er schon vergessen.

Marina ließ ihn alleine, aß ihren Seegras-Salat und kuschelte sich dann auf einen der gemütlichen Schwämme neben einem flackernden Topf Nixenfeuer. Sie las ein Buch über ein abenteuerlustiges Meermädchen, das in die eisigen Meere hoch oben im Norden reiste und dort Eisbären und Robben traf. Sami saß auf ihrer Schulter und streichelte ihre Wange mit seinen Hörnern. Marina kuschelte sich auf dem Schwamm zurecht und gähnte. Es war ein langer und anstrengender Tag gewesen. Ehe sie sich versah, war sie tief eingeschlafen.

Marina wachte auf und musste im ersten Moment überlegen, wo sie war. Sie blinzelte und sah, dass sie vor dem Feuer eingeschlafen war. Sami hatte

sich an ihren Hals gekuschelt. Sie streckte sich und überlegte, wieso ihr Vater sie nicht geweckt und ins Bett geschickt hatte. Sie schaute auf die Uhr, die im Regal stand: fünf Uhr morgens! Draußen war es noch stockfinstere Nacht. Marina rieb sich die Augen und kitzelte Sami wach. »Komm, wir schwimmen ins Bett zum Schlafen!«, sagte sie gähnend. »Es ist zu früh zum Aufstehen!«

Sami folgte ihr schläfrig zu ihrem Zimmer. Unterwegs streckte sie den Kopf ins Schlafzimmer ihres Vaters. Wieso hatte er sie nicht aufgeweckt? Die dicke Seegrasdecke lag ordentlich gefaltet über dem Schwammkissen. So wie es aussah, war ihr Vater überhaupt nicht im Bett gewesen. Dann musste er immer noch arbeiten. Sie schwamm in sein Arbeitszimmer.

»Paps?«, sagte sie leise und streckte den Kopf rein. »Paps, du musst doch auch schlafen …«

Sie verstummte. Auch hier im Arbeitszimmer war ihr Vater nicht. Marina runzelte die Stirn und auf einmal lief es ihr eiskalt den Rücken runter. Wo konnte er sein? Sie sah sich um und bemerkte, dass seine Sammeltasche und der Topf mit dem Nixenfeuer nicht da waren.

»Oh nein!«, flüsterte sie erschrocken.

Sami legte fragend den Kopf schief.

»Sami, ich wette, Paps ist runter zum Riff geschwommen, um den Quastenflosser zu finden.«

Sie wusste genau, wie ihr Vater tickte. Er hatte ihr gesagt, dass die Quastenflosser nachtaktiv waren, also waren seine Chancen, einen zu sehen, nachts am größten.

Aber wieso war er noch nicht wieder zurück? War er etwa in Gefahr geraten?«

Marina schluckte. Es gab nur einen Weg, das herauszufinden. »Ich muss ihm hinterherschwimmen!«, erklärte sie.

Einen Augenblick lang überlegte sie, ob sie jemanden in ihren Plan einweihen sollte. Sie hätte Kai wecken können. Aber dann entschied sie sich dagegen. Er würde sie wahrscheinlich sowieso nur zurückhalten wollen. Es war besser, wenn sie das alleine regelte.

Sami beobachtete Marina besorgt, als sie sich auch einen Topf voller Nixenfeuer abfüllte – es war noch so dunkel draußen, da würde sie das grünliche Licht brauchen. Als sie zum Eingang der Höhle kam, schwamm Sami ihr voraus. Sie versuchte ihn zu überholen, aber er bewegte sich vor ihr ganz schnell von einer Seite auf die andere.

»Was machst du?«, fragte sie.

Sami schüttelte den Kopf.

»Sami, ich muss los!«, sagte sie.

Das kleine Seepferdchen wackelte streng mit seinen Hörnern.

»Vielleicht ist Paps in Gefahr«, erklärte Marina. »Ich weiß nicht, wie lange er schon weg ist. Aber dort unten am Riff treibt sich etwas sehr Gefährliches herum!«

Sie nahm das kleine goldfarbene Seepferdchen vorsichtig in ihre Hände und schob es sanft zu Seite.

»Bleib du bitte hier. Nachts sind alle möglichen Tiere auf dem Riff unterwegs, und ich will nicht, dass dir etwas passiert.« Sie ließ ihre Stimme so fest klingen, wie sie konnte. »Bleib hier, Sami. Das ist mein Ernst! Bleib!«

Das Seepferdchen sah zu, wie sie die Höhle verließ. Marina war einerseits beruhigt, dass Sami tat, was sie ihm aufgetragen hatte, andererseits war es ganz ungewohnt, dass er nicht neben ihr herschwamm. Es kribbelte nervös in ihrem Bauch.

»Ich bin bald wieder da!«, murmelte sie, als sie auf den Nixenfelsen zuschwamm.

Nachts war das Tiefseeriff noch unheimlicher. Marina hatte angenommen, dass dort unten tiefschwarze Finsternis herrschen würde, aber als sie jetzt zu den Höhlen schwamm, stellte sie fest, dass viele der Tiere, die hier nachts rauskamen, glühten und schimmerten.

Kleine Leuchtkalmare sausten durch das Wasser. Jeder von ihnen war etwa so groß wie einer von Marinas Fingern und hatte zahllose nadelgroße blaue Lichtpunkte in seinem Körper. Außerdem trieben eine Menge Quallen durch das Wasser, deren ballonartige Köpfe lilafarben, grün und blau schimmerten. Fische mit furchteinflößenden Zähnen trugen winzige grünlich leuchtende Angeln vor sich her. Sogar einige der Korallen schienen zu schimmern.

Marina hielt den Topf mit Nixenfeuer vor sich, während sie tiefer und tiefer schwamm. Wo konnte ihr Vater nur sein? Einen schrecklichen Augenblick lang hatte sie das unheimliche Gefühl, dass sie verfolgt wurde. Sie hielt an und schaute vorsichtig nach hinten. Alles, was sie sah, waren die im Wasser treibenden glühenden Leuchtkalmare.

Dann hatte sie sich das wohl doch nur eingebildet.

»Weiterschwimmen!«, ermutigte sie sich. »Ich muss Paps finden!«

Sie schwamm zu der Höhle, in deren Nähe sie den Quastenflosser entdeckt hatten.

»Paps?«, rief sie leise. »Paps, bist du da drin?«

Mit den Augen suchte sie das Wasser nach einem Schimmer des Nixenfeuers ab, das er mitgenommen hatte.

Sie schwamm weiter und tauchte in jede Höhle, an der sie vorüberkam, bis sie schließlich eine große Höhle erreichte. Sie war besonders stark zerstört. Marina zögerte, die Korallen dort am Eingang sahen ziemlich wackelig aus.

»Paps?«, rief sie wieder und schwamm schließlich doch hinein. Aus Versehen stieß sie mit ihrer Flosse an einige Korallen neben dem Eingang.

KRACH!

Die Korallen splitterten und stürzten ein. Marina schrie auf, als große Stücke mit donnerndem Getöse hinunterfielen.

BUMM! KRACH!

Entsetzt fuhr sie herum und sah, dass der Eingang zur Höhle verschüttet war. Sie war gefangen.

Marina schwamm zu einem großen Haufen abgebrochener Korallen und versuchte einige dieser Brocken wegzuräumen. Aber als sie ein Stück weggezogen hatte, kullerte ein anderes von oben runter und traf sie an der Schulter. Ein zweiter Brocken sauste knapp an ihrem Kopf vorbei.

»Aua!«, stöhnte sie.

Mit klopfendem Herzen schwamm sie ein Stück tiefer in die Höhle.

Was sollte sie jetzt nur machen?

Kapitel 8

Gefangen!

Marina versuchte ganz ruhig zu bleiben. Irgendwer würde schon kommen und sie retten. Aber wer? Es wusste ja niemand, dass sie hier unten am Tiefseeriff war.

»Paps wird merken, dass ich nicht da bin, wenn er nach Hause kommt«, dachte sie. »Aber was ist, wenn er selbst auch in Schwierigkeiten steckt und gar nicht nach Hause schwimmen kann?«

Ihr Herz wurde schwer.

Wieso nur hatte sie niemandem erzählt, wohin sie wollte? Wieso nur war sie einfach alleine losgeschwommen? Sie hätte wenigstens ihren neuen Freunden etwas erzählen sollen.

»Meine Freunde!«, dachte sie. »Genau, die werden sich auf jeden Fall wundern, wenn ich nicht zur Schule komme! Bestimmt schwimmen sie nach der Schule zu mir nach Hause und finden heraus, dass ich verschwunden bin!«

Sie setzte sich auf einen Felsen und schlang die Arme um sich. Bis die Schule zu Ende war, dauerte es noch sehr lange. Und was war mit ihrem Vater? Er brauchte vielleicht ihre Hilfe, aber sie saß nun hier fest und konnte nichts tun. Marinas Blick wanderte zu dem dunklen Tunnel ganz hinten in der Höhle. Der Eingang sah aus wie ein hungrig aufgerissenes Maul. Aber vielleicht konnte sie ja erkennen, ob es durch den Tunnel eventuell einen Weg nach draußen gab?

Sie schwamm hinüber. Der Tunnel führte gerade nach unten und das Wasser darin war eiskalt. Auch im Schein des Nixenfeuers war nur schwarzes Wasser zu erkennen. Marina zögerte. Sie könnte versuchen, im Tunnel nach unten zu schwimmen. Aber was, wenn der Tunnel direkt bis ganz nach unten zur Tiefsee-Ebene führte? Oder wenn sie hinabschwamm und auf einmal stecken blieb? Sie biss sich auf die Lippe. Wenn wirklich niemand kommen würde, um sie zu retten, musste sie das vielleicht wagen, aber jetzt noch nicht.

Sie drehte sich um und hätte beinahe aufgeschrien, als sie eine Bewegung an der dunklen Höhlenwand bemerkte. Es war ein riesiger Fisch, fast so groß wie Marina. Er schob sich langsam aus einem versteckten Spalt in der Höhlenwand.

Marina hielt die Luft an und dachte im ersten Moment, es sei das Meermonster. Aber als sie mehr von dem Fisch erkennen konnte, sah sie, dass sein Körper mit harten blauen Schuppen bedeckt war und er insgesamt acht Flossen hatte – vier davon unten am Bauch.

Es war der Quastenflosser, den sie am Tag zuvor gesehen hatten. In dieser Höhle hatte er offensichtlich sein Zuhause.

Marina nahm das Nixenfeuer, das im Tunnel stand, und wollte den Fisch genauer betrachten. Doch sobald das Tier das Licht erblickte, schwamm es rückwärts und verschwand in seiner Felsspalte.

Marina stellte das Licht weg, denn ihr fiel ein, dass ihr Vater erwähnt hatte, Quastenflosser würden es lieber dunkel mögen. Langsam schwamm sie auf die Felsspalte zu. »Es ist alles gut! Ich tu dir nichts!«, flüsterte sie und wünschte sich, sie hätte

Lunas Gabe, das Vertrauen von Tieren zu gewinnen. »Du kannst ruhig wieder rauskommen!«

Sie hoffte sehr, er käme wieder hervor. Die Gesellschaft eines Fisches war besser als gar keine. Tatsächlich kam die Nase des Fisches langsam aus der dunklen Spalte, und er sah sie mit seinen großen Augen an.

Marina sprach weiter sanft auf ihn ein. »Ich will dir wirklich nichts tun. Wir Meerleute helfen allen Meerestieren. Komm doch wieder raus!«

Bestimmt verstand der Fisch ihre Worte nicht, aber am Tonfall ihrer Stimme schien er zu erkennen, dass er vor ihr keine Angst haben musste. Er schwamm ganz heraus, und Marina betrachtete ihn ehrfurchtsvoll. Er war so groß und sah so völlig anders aus als alle anderen Fische! Das lag vor allem an seinen Schuppen, die hart waren wie Felsen. Ganz anders als die zarten Schuppen auf ihrem eigenen Schwanz. Vorsichtig streckte sie eine Hand aus in der Hoffnung, dass er nicht beißen würde. Aber dieser Fisch war sehr sanft. Er berührte mit seinen Lippen ihre Finger und blies dann Luftblasen aus, die nach oben stiegen. Schließlich schwamm er in die Mitte der Höhle und schoss nach unten, sodass er mit dem Mund auf den Boden der Höhle stieß. Jedes Mal, wenn er in den Sand stieß, hinterließ er einen Kreis.

Kreise? Marina runzelte die Stirn und überlegte. Kreise im Sand … wo hatte sie so etwas schon einmal gesehen?

»Marina!«

Beim Klang der Stimmen außerhalb der Höhle erstarrte der Quastenflosser und richtete sich dann wieder auf.

»Marina?«

»Bist du da drin?«

»Kai! Naya! Koralie!« Marina schwamm zum verschütteten Eingang der Höhle. Der Quastenflosser verschwand in seiner Felsenspalte. »Seid ihr es wirklich?«

»Aber klar doch!«, riefen ihre Freunde.

»Und ich auch«, rief Luna.

»Woher wisst ihr, dass ich hier bin?«, fragte Marina.

»Von Sami. Er ist zu Kai geschwommen und hat ihn aufgeweckt«, berichtete Koralie.

»Er hat mich unentwegt mit der Nase gestupst und ist dann zur Tür gerast«, erzählte Kai. »Da habe ich mir gedacht, dass irgendetwas nicht stimmt. Also bin ich zu dir nach Hause ge-

schwommen und habe gesehen, dass weder du zu Hause warst noch dein Vater. Da habe ich die andern geholt und Sami hat uns dann hierhergeführt.«

»Dann muss er mir hinterhergeschwommen sein und gesehen haben, dass ich verschüttet wurde«, folgerte Marina. »Ich wusste doch, dass mir jemand folgt!«

»Was ist passiert?«, fragte Koralie.

Marina berichtete alles, was geschehen war. »Was bin ich froh, dass ihr hier seid!«, schloss sie. »Ich hatte schon befürchtet, dass ich ewig in dieser Höhle gefangen bleibe. Ich weiß nicht, wo mein Vater ist. Ich habe ihn gesucht, als der Eingang zur Höhle verschüttet wurde.«

»Wir müssen dich irgendwie da rausholen!«, sagte Koralie.

»Die große Frage ist, wie?«, sagte Naya.

»Wieso räumen wir nicht einfach so viele Gesteinsbrocken weg, bis wir ein Loch haben, das groß genug ist, dass Marina hindurchpasst?«, schlug Kai vor. »Seht ihr, so!«

Marina spürte ein leichtes Zittern an dem Geröllhaufen vor dem Eingang und nahm an, dass Kai an einem Stück Koralle zog.

»Seid vorsichtig!«, warnte sie, denn sie wusste ja, was passiert war, als sie dasselbe versucht hatte. Aber es war zu spät. Es knirschte und krachte.

Sie hörte wie Kai »Autsch« rief.

»Alles in Ordnung, Kai?«, fragte Naya besorgt.

»Kai wurde gerade von einer herabfallenden Koralle erwischt!«, erklärte Koralie für Marina durch die Wand. »Ist aber nicht so schlimm.«

»Vielleicht sollten wir doch lieber die Wache

holen«, meinte Naya nervös. »Ehe das Meermonster hier auftaucht!«

»Nein, das dauert viel zu lange«, widersprach Naya. »Außerdem habe ich eine Idee. Wir müssen einen Stützbalken in den Schutt im Eingang schieben oder etwas Hartes, Flaches, das funktioniert wie ein Dach ... das würde die Korallen von oben stützen, sodass wir ein paar Korallenbrocken untendrunter rausnehmen könnten, bis wir ein Loch haben, das groß genug ist für Marina. Dann kann sie herauskommen und uns fallen keine Korallen auf den Kopf.«

»Wie meinst du das?«, fragte Luna.

»Finde etwas Flaches, Hartes, das wir als Stütze verwenden können«, sagte Naya, »dann zeige ich dir, wie.«

Marina hörte, wie sie alle suchten.

»Was ist damit?«, fragte Koralie.

»Ein alter Schildkrötenpanzer«, sagte Naya. »Der ist perfekt. Kommt mit. Wir schieben den alten Panzer in den Schutt und ziehen dann ein paar Korallenbrocken raus. Ihr Tiere könnt auch mithelfen: du mit deinen Flossen, Tommi. Und Oktavia benutzt ihre Arme. Jet und Nessi können die Korallenbrocken wegschaffen. Wir müssen so schnell arbeiten, wie wir können.«

Marina hörte nur noch schabende und kratzende Geräusche, während ihre Freunde versuchten, den Schildkrötenpanzer in den Schutthaufen zu schieben, um die Korallenstücke untendrunter herauszuziehen.

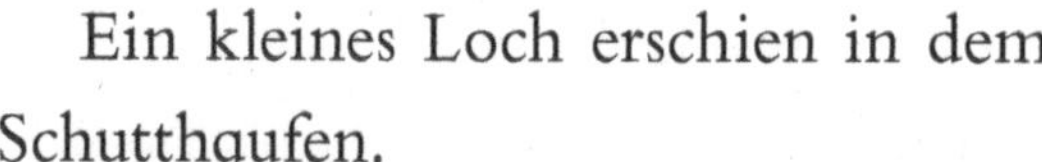

Ein kleines Loch erschien in dem Schutthaufen.

»Es funktioniert!«, jubelte Marina.

Im nächsten Moment zwängte Sami sich durch das kleine Loch und schwamm in die Höhle. Er stupste sie, liebkoste ihr Gesicht, gab ihr sanfte Seepferdchenküsse und hüpfte vor ihr auf und ab. Marina nahm ihn vorsichtig in ihre Hände und gab ihm einen Kuss auf die Nase.

»Danke, dass du die anderen geholt hast, damit sie mir helfen!«, sagte sie. »Eigentlich müsste ich ja böse sein, weil du nicht zu Hause geblieben bist, aber das bin ich nicht.«

Sami wackelte verschmitzt mit seinen Hörnchen.

Die anderen arbeiteten immer noch konzentriert, und das Loch wurde größer und größer.

»Geschafft!«, rief Marina. »Da komme ich durch!«

Sie schaute sich um. Der Quastenflosser war immer noch in seinem Versteck, aber das war gut, da war er sicher. Sie nahm ihren Topf mit Nixenfeuer und schwamm durch das Loch nach draußen. Dort schlang sie die Arme um ihre Freunde und drückte alle fest.

»Vielen Dank euch allen!«, rief sie.

Nessi und Jet stupsten sie mit ihren Nasen, während Tommi und Oktavia aufgeregt im Kreis um sie herumsausten.

»Ich bin ja so froh, dass dir nichts passiert ist, Marina!«, sagte Luna. »Es ist so unheimlich hier unten.«

»Dass du auch hier runtergekommen bist!«, staunte Marina. »Das ist wirklich sehr mutig von dir. Aber wird deine Mutter nicht sauer sein, wenn sie das herausfindet?«

»Das ist mir egal! Als die anderen gesagt haben, dass du wahrscheinlich in Schwierigkeiten steckst, musste ich doch mitkommen!«, erklärte Luna und streichelte Nessi. »Außerdem war

ich mir sicher, dass Nessi auf mich aufpassen würde.«

Die sanfte kleine Seekuh blickte Luna zustimmend an.

»Wieso bist du eigentlich alleine hier runter geschwommen?«, fragte Naya Marina. »Du weißt doch, du kannst uns immer um Hilfe bitten – das ist auf jeden Fall sicherer, als alleine hierherzukommen!«

»Ich weiß«, sagte Marina. »Das ist mir auch klargeworden, als der Eingang zur Höhle eingestürzt ist. Ich habe wirklich großes Glück, dass ihr hergekommen seid!«, sagte Marina dankbar.

Tommi schwamm zu Kai und deutete mit Kopf und Flossen nach oben.

Kai nickte. »Tommi findet, wir sollten weg hier. Das Meermonster könnte jeden Augenblick hier auftauchen!«

Jet klickerte zustimmend.

»Dann lasst uns verschwinden!«, stimmte Koralie zu.

»Das geht nicht. Ich kann nicht weg!«, protestierte Marina. »Ich muss meinen Vater suchen. Ich weiß nicht, wo er ist und warum er so lange weggeblieben ist!«

»Lass uns erstmal zurückschwimmen. Dann erzählen wir alles meiner Mutter!«, schlug Kai vor. »Sie weiß bestimmt, was man …«

BUMM!

Sie alle zuckten zusammen.

»Wa…was war das?«, fragte Naya verängstigt.

»Ist das das Meermonster?«, fragte Luna und sah aus, als ob sie gleich ohnmächtig werden würde.

BUMM!

Die Korallen erzitterten und immer mehr Stücke brachen ab. Im nächsten Augenblick krachte es laut, als ein Korallenbaum umfiel und danach folgte der ohrenbetäubendste Laut, den Marina je im Leben gehört hatte.

»Wir müssen hier weg, ehe es zu spät ist!«, rief sie.

Eine große Schule panisch fliehender Fische raste gerade an ihnen vorbei, als ein riesiger Schatten auf sie fiel.

»Ich fürchte, es ist zu spät!«, krächzte Koralie. »Schnell, verstecken wir uns!«

Kapitel 9

Das Meermonster

Sie retteten sich mit ihren Tieren in die nächste Höhle. Sami hatte seinen Ringelschwanz in Marinas Haar geschlungen. Vorsichtig spähten sie hinaus.

»Dort«, flüsterte Luna voller Angst.

Eine wahrhaft gigantische Kreatur schwamm sehr, sehr langsam auf die Höhle zu. Das Wesen hatte steinharte, diamantenförmige silbrig blaue Schuppen – jede einzelne so groß wie Marinas Hand.

Zwei der Schuppen fehlten, fiel Marina auf. Die beiden merkwürdigen Plättchen, die sie gefunden hatten, mussten also Schuppen von diesem

Wesen sein! An seinem Bauch hingen vier riesige Flossen. Es sah aus wie ein Fisch, war aber noch viel größer als der Quastenflosser. Außerdem hatte es einen längeren Hals als ein normaler Fisch. Es öffnete das Maul und stieß erneut diese fürchterlichen ohrenbetäubenden Laute aus, wobei es seine entsetzlich gefährlich aussehenden Zähne zeigte.

»Dann gibt es Meermonster also wirklich!«, flüsterte Kai.

Luna ergriff Marinas Hand. »Glaubst du, es wird uns fressen?«, hauchte sie.

»Seht euch nur diese Zähne an!«, wisperte Naya.

KRACH!

Mit seiner Schwanzflosse schlug das Monster einen Korallenbaum in Stücke.

»Verflippte Flunderflossen!«, flüsterte Koralie und schlang ihre Arme um Jet. »Wir enden alle als Monsterfrühstück!«

Die gelben Augen des Monsters huschten unruhig hin und her. Sie hatten einen …

Marina runzelte die Stirn, nein, sie hatten keinen bösartigen Ausdruck. Auch nicht angriffslustig. Die Augen blickten sorgenvoll und verwirrt.

Sie starrte auf die vier Flossen unter dem Bauch des riesigen Fisches, dann auf die harten Schuppen, die seinen Körper bedeckten … das erinnerte sie an etwas. Auf einmal richtete sich das riesige Tier senkrecht auf. Sein enormer Schwanz zeigte zur Wasseroberfläche. Es stieß mit dem Maul hinab und biss mit den Zähnen in den Sand, sodass ein großer, tiefer Krater entstand. Kreise im Sand … Natürlich! Marina hielt die Luft an, dann rief sie: »Hört mal, Leute, das ist kein Meermonster, sondern ein gigantischer Quastenflosser!«

»Oh, es könnte ein Megacoelacanthus sein! Sie gehören zur Quastenflosser-Familie und lebten zur Zeit der Dinosaurier. So einen hat seit Millionen von Jahren niemand mehr gesehen! Sie gelten eigentlich als ausgestorben«, flüsterte Naya.

»Wenn dieser Fisch irgendwie mit einem Quastenflosser verwandt ist, glaube ich nicht, dass er gefährlich ist«, sagte Marina. »Vorhin war keine Zeit, euch davon zu erzählen, aber ich habe den Quastenflosser gefunden. Er war in der Höhle, in der ich gefangen war. Er war ganz schüchtern

und sanft. Vielleicht ist dieser Riesenfisch ja genauso!«

Der Urzeit-Quastenflosser hatte sich mittlerweile wieder horizontal ausgerichtet und schwamm langsam auf die Höhle zu, in der sie sich versteckt hatten.

»Es ist völlig egal, wie sanft dieses Tier ist«, rief Koralie, »wenn es versucht, in diese Höhle zu schwimmen, wird es uns zerquetschen!«

»Wir müssen es aufhalten!«, schrie Kai, als ihre Tiere anfingen panisch im Kreis zu schwimmen.

Der Urzeit-Quastenflosser kam näher.

Marina wusste, dass Koralie recht hatte. Aber was sollten sie tun? Hektisch sah sie sich um. Da fiel ihr Blick auf das Nixenfeuer. Sie griff danach und warf es dem riesigen Fisch entgegen.

Die großen Augen des Tieres wurden noch größer und es blieb wie angewurzelt stehen. Dann schwamm es rückwärts und stieß ein gequältes Heulen aus.

»Der Ärmste«, sagte Luna. »Er klingt so traurig. Ich glaube, er ist unglücklich!«

Ehe jemand sie aufhalten konnte, duckte sie sich unter Marinas Arm durch und schwamm aus der Höhle.

»Luna!«, schrie Koralie erschrocken, »was machst du? Komm zurück!«

Aber Luna ignorierte sie.

Marinas Herz raste, als sie sah, dass das junge Meermädchen zum Gesicht des Riesenfisches schwamm. Und wenn sie doch nicht recht hatte mit dem sanften Riesen? Was, wenn das Monster aus den Geschichten der Meerleute ein Urzeit-Quastenflosser war?

»Luna!«, schrie sie, als das Tier sein riesiges Maul öffnete.

Aber Luna schwamm einfach an dem geöffneten Maul vorbei und nach oben zu den Augen. Das Tier blinzelte überrascht, als ob es sie gerade eben erst bemerkt hätte.

»Hallo. Ich bin Luna.« Luna sprach leise und ruhig. »Ich will deine Freundin sein!« Sie begann zu summen und sanft über die Wangen des Tieres

zu streichen. Marina war sich sicher, dass es Lunas Berührungen durch seine dicken Schuppen gar nicht spüren konnte, aber es entspannte sich und schloss sein Maul.

»Luna verzaubert ihn«, flüsterte Koralie.

»Unglaublich,«, sagte Naya erstaunt. »Selbst Dinosaurier lieben Luna!«

Luna schwamm um seinen Kopf herum und streichelte ihn.

»Kommt auch her und sagt Hallo!«, forderte sie die anderen auf. »Du hattest recht, Marina, er ist wirklich ganz nett und sehr sanft!«

Sie schwammen auch aus der Höhle.

Auf einmal erklang ein lautes Hornsignal und dann stürmte die Wache angeführt von Raziem mit gezückten Harpunen und Dreizacken durchs Wasser direkt auf sie zu.

Der Urzeit-Quastenflosser zuckte zusammen und versuchte, sich umzudrehen und wegzuschwimmen. Sein gepanzerter Schwanz krachte in einen Korallenbaum und es regnete Korallenbrocken. Kai konnte gerade noch ausweichen.

»Wachen! Greift das Meermonster an!«, brüllte Raziem und deutete auf den verängstigten Urzeit-Quastenflosser. »Zum Angriff!«

Kapitel 10

Trautes Heim, Glück allein

»Nein!«, schrie Luna und breitete ihre Arme aus. »Ihr dürft ihn nicht verletzen! Das lasse ich nicht zu! Er tut niemandem etwas!«

Marina schwamm an Lunas Seite. »Luna hat recht. Bitte greifen Sie ihn nicht an!«, bat sie. »Er ist kein Meermonster. Wir glauben, dass er ein Urzeit-Quastenflosser ist. Und er ist wirklich ein ganz sanftes Tier!«

»Wenn Sie ihn mit Harpunen angreifen wollen, müssen Sie mich zuerst durchbohren«, rief Luna.

»Und uns!«, riefen Naya, Kai und Koralie. Sie

schwammen neben Marina und Luna und stellten sich vor den Urzeit-Quastenflosser.

»Kai?«, rief Indra. »Was machst du hier?«

»Entfernt euch von dem Seeungeheuer!«, befahl Raziem.

»Er ist kein Ungeheuer!«, wiederholte Marina.

»Da hat meine Tochter völlig recht!«

Marina drehte sich um und sah, dass ihr Vater auf sie zu geschwommen kam.

»Befehlen Sie den Wachen sofort, ihre Waffen runterzunehmen, Raziem«, verlangte er. »Das ist in der Tat kein Meermonster, sondern ein Megacoelacanthus. Ein uraltes Lebewesen. Es muss irgendwo versteckt im Meer gelebt haben, dann hat es sich irgendwie hierher verirrt. Es braucht unseren Schutz und unsere Hilfe und darf unter gar keinen Umständen angegriffen werden!«

Als er Marina und ihre Freunde erreichte, schüttelte er ungläubig den Kopf. »Was ist denn hier los, Marina? Was machst du hier unten?«

»Ich bin aufgewacht und habe gesehen, dass du nicht da bist«, sagte sie. »Ich habe mir Sorgen gemacht, deshalb bin ich dir hinterhergeschwommen.« Sie umarmte ihn. »Ich bin so froh, dass dir nichts passiert ist, Paps! Ich habe heute Nacht

schon ein echtes Abenteuer erlebt! Ich habe dich in den Höhlen hier unten gesucht, aber dann bin ich leider in einer verschüttet worden. Zum Glück hat Sami die anderen geholt. Sie haben mich befreit.«

»Oh, Marina!«, sagte ihr Vater und nahm sie fest in den Arm. »Du hättest verletzt werden können! Du hättest mir auf gar keinen Fall hinterherschwimmen dürfen! Ich hatte vorgehabt, zurück zu sein, ehe du aufwachst.«

»Ich habe mir wirklich Sorgen gemacht, weil ich nicht wusste, wo du bist und was du machst!«, sagte Marina.

»Ich habe den Quastenflosser gesucht, von dem ihr erzählt hattet. Leider ohne Erfolg. Aber es sieht ja so aus, als ob ihr etwas noch Interessanteres gefunden hättet.«

Tarak betrachtete den Urzeit-Quastenflosser ehrfurchtsvoll. »Ich kann es gar nicht fassen!«, sagte er leise. »Ein lebendiger, atmender Megacoelacanthus!«

»Seine schiere Größe erklärt all die Zerstörung!«, sagte Indra und betrachtete den riesigen Fisch.

Luna schwamm wieder zum Kopf des Tieres und streichelte es. »Er ist so sanft!«, sagte sie. »Bestimmt hat er nichts mit Absicht kaputtgemacht. Er kann ja nichts dafür, dass er so riesig ist und andauernd irgendwo gegen stößt.«

Der Urzeit-Quastenflosser öffnete sein Maul und die Wache wich schon zurück, aber er stieß lediglich wieder diesen klagenden Laut aus. Dann senkte er den Kopf und wandte seine Nase in Richtung zerstörter Höhle.

»Nein, da kannst du nicht hin«, verbot Luna. »Da passt du nicht rein!« Sie biss sich auf die Lippe. »Genau, ich glaube, das ist es: Er hat versucht, in eine Höhle zu kommen, um sich zu verstecken.«

»Oder er hat einen Weg zurück in die ruhige Meerestiefe gesucht«, sagte Tarak.

»Wieso ist er überhaupt hierhergekommen?«, fragte Kai.

»Ich nehme an, irgendetwas hat ihn dort tief unten, wo er lebte, gestört«, antwortete Tarak. »Schaut mal.« Er schwamm ein bisschen höher und entfernte ein Stück eines Fischernetzes, das sich in der Rückenflosse des Urzeit-Quastenflossers verfangen hatte. »Vielleicht sind die Menschen seiner Behausung zu nahe gekommen? Wahrscheinlich hat er nur versucht, wieder ein ungestörtes, ruhiges Plätzchen zu finden.«

»Und dabei ist er hier gelandet«, ergänzte Marina. »Armes Ding!« Sie schwamm zu Luna und streichelte ebenfalls das Gesicht des Riesenfisches. Der schloss entspannt die Augen.

»Das ist ja alles schön und gut«, raunzte Raziem. »Aber was sollen wir mit ihm machen? Wenn er hierbleibt, wird er das Riff zerstören.«

»Wir sollten ihm helfen, wieder zurück zur Tiefsee-Ebene ganz unten auf dem Meeresgrund zu gelangen«, schlug Tarak vor. »Dort wäre er sicher!«

»Wir könnten einen der Tunnel, die von hier nach unten führen, breiter machen, damit er durchpasst!«, schlug Naya vor.

Tarak runzelte die Stirn. »Das würde ziemlich lange dauern.«

»Ich habe eine Idee!«, rief Marina. »Wir könnten den magischen Strudel am Nixenfelsen benutzen!«

Alle Blicke richteten sich auf sie.

»Der Strudel kann doch jedes Lebewesen mithilfe von Magie an jeden beliebigen Ort im Meer bringen«, fuhr Marina fort. »Wir könnten den Strudel bitten, den Urzeit-Quastenflosser zurück zur Tiefsee-Ebene zu bringen!«

»Das ist eine exzellente Idee!«, rief ihr Vater und strahlte sie an.

»Ja, ein wirklich hai-terer Vorschlag!«, sagte Raziem spöttisch. »Und wie sollen wir diesen Riesenfisch dorthin bekommen? Sollen wir ihn etwa an die Leine nehmen?«

»Das geht natürlich nicht«, stimmte Luna ihm zu. »Aber ich glaube, er würde mir folgen.« Sie tätschelte den Urzeit-Quastenflosser. »Was meinst du, Großer? Kommst du mit mir mit?« Sie schwamm ein Stückchen voraus und drehte sich dann zu ihm um. »Na, komm mit!« Sie begann wieder zu summen – und der riesige Urzeit-Quastenflosser folgte dem kleinen Meermädchen.

Tarak legte einen Arm um Marina und drückte sie. »Sieht aus, als würde das klappen!«

Auf dem Weg zum Nixenfelsen stieß der Urzeit-Quastenflosser noch einige weitere Korallenbäume um und walzte mehrere Korallenbüsche platt. Er schaute betrübt zurück auf die Spur der Verwüstung, die er hinterließ. Marina tat er rich-

tig leid. Diese filigrane Welt voller zarter Korallen, Schwämme und Anemonen war kein Ort für so ein gigantisches Lebewesen. Er brauchte die leeren Weiten der Tiefsee-Ebene ganz unten in den tiefsten Meeresgräben.

Als sie zum Nixenfelsen gelangten, ging gerade die Sonne auf und das Wasser glitzerte und glänzte. Die Meerleute, die den Urzeit-Quastenflosser erblickten, schwammen neugierig herüber, um zu sehen, was dort vor sich ging.

Das große Tier warf den Meerleuten ängstliche Blicke zu. Marina und die anderen schwammen zu seinem Gesicht und streichelten es beruhigend.

Auf einmal erklang von allen Seiten lautes Geplapper:

»Verflippte Flunderflossen, was ist das denn?«

»Ist das ein Meerungeheuer?«

»Ist es gefährlich?«

Raziem stieß einmal kurz in sein Horn, um für Ruhe zu sorgen. »Kein Grund zur Panik. Es muss niemand Angst haben. Ich habe dieses Tier unten am Tiefseeriff gefunden …«

»Ich dachte, wir haben es gefunden?«, flüsterte Koralie Marina zu.

»Und ich habe herausgefunden, was die Korallenhöhlen verwüstet hat. Vom ersten Augenblick an war mir natürlich klar, dass dieses Lebewesen uns nicht verletzen wollte …«

»Ach, tatsächlich?«, flüsterte Naya Marina zu.

»Deshalb habe ich beschlossen, ihm zu helfen, indem ich es zurück in die tiefsten Tiefseegräben schicke, wo es weiterhin in Ruhe und Frieden leben kann«, fuhr Raziem fort.

Er schwamm zum Felsen und berührte ihn mit der Hand. »Zur Tiefsee-Ebene!«, befahl er dem Strudel.

Das Wasser am Fuß des Felsens begann sich schnell und immer schneller zu drehen.

Luna gab dem großen Tier einen Kuss. »Zeit, sich zu verabschieden, Egon. Der Strudel wird dich an einen sicheren Ort bringen.«

»Egon?«, wiederholte Marina.

»So habe ich ihn getauft«, erklärte Luna. Sie gab dem Urzeit-Quastenflosser noch einen Kuss und er schloss vor Entzücken einen Moment die Augen. Als er sie wieder aufmachte, deutete Luna auf das sprudelnde Wasser rund um den Nixenfelsen. »Na los, Egon. Schwimm!«

Der Urzeit-Quastenflosser öffnete den Mund und stieß einen lang gezogenen, aber hoffnungsvollen Laut aus.

»Möge das Meer dich beschützen, mein Freund!«, rief Tarak ihm zu.

Egon schwamm los und sprang dann kopfüber in das strudelnde Wasser. Sein riesiger Körper tauchte unter, und es blieb nur ein Strom von

Blasen zurück, der ebenfalls rasch im wirbelnden Wasser verschwand.

»Weg ist er!«, sagte Luna und holte tief Luft, als das Wasser am Fuß des Felsens sich wieder beruhigte.

»Er ist glücklicher dort, wo er jetzt ist!«, sagte Marina, die neben sie geschwommen war, und drückte Lunas Hand.

»Ich hätte ihn ja gerne eine Weile beobachtet!«, murmelte Marinas Vater wehmütig.

»Sei nicht traurig, Paps«, tröstete Marina ihn. »Ich habe etwas entdeckt, das du bestimmt genauso interessant finden wirst: den Quastenflosser. Ich weiß jetzt nämlich, wo er wohnt!«

Die Augen ihres Vaters leuchteten. »Wirklich? Wo?«

»Ich werde es dir verraten – aber unter einer Bedingung: Du musst mir versprechen, mir Bescheid zu sagen oder mir zumindest eine Nachricht zu hinterlassen, wenn du das nächste Mal nachts wegschwimmst«, sagte sie.

»Aber natürlich!«, versprach er. »Das tu ich!« Er gab ihr einen Kuss auf die Stirn. »Es war ziemlich mutig von dir, mir hinterherzuschwimmen. Und es war gut, dass du dort warst und dem Urzeit-

Quastenflosser helfen konntest, aber ich möchte auf gar keinen Fall, dass du dich in Gefahr begibst. Von nun an werde ich nie mehr wegschwimmen, ohne dir vorher Bescheid zu sagen, das verspreche ich!«

Marina strahlte ihn an. »In diesem Fall solltest du dort, wo du uns getroffen hast, unbedingt in die zerstörte Höhle mit dem eingestürzten Eingang schauen. Dort gibt es eine Felsspalte, in der der Quastenflosser lebt.«

Mit einem Klatschen seiner Schwanzflosse schwamm ihr Vater umgehend nach unten zum Tiefseeriff. Marina lächelte. Sie hatte den Eindruck, ihr Vater war mit einem vom Aussterben bedrohten Quastenflosser, den er beobachten konnte, fast so glücklich, wie er es mit Egon gewesen wäre.

»Mein Vater hat uns alle vor dem Meermonster gerettet!«, hörte sie auf einmal Glendas triumphierende Stimme, die alle anderen übertönte. »Mein Vater ist der Allerbeste!« Sie schwamm auf die Wachen zu, die nun beisammenstanden und beratschlagten, wie man das Riff am besten reparieren könnte. Als sie Marina und die anderen sah, hielt sie an.

»Was sucht ihr Streber und Langweiler denn hier?«, fragte sie hochmütig.

»Na ja, eigentlich haben *wir* gerade das Geheimnis um das Meermonster gelüftet!«, sagte Koralie.

Marina grinste. »Man könnte sagen, wir Streber und Langweiler haben die Lage gerettet!«

»Ihr?« Glenda schnaufte verächtlich. »Ihr seid doch nur ein Haufen dämlicher Dorsche!«

Ehe Marina etwas erwidern konnte, schwamm Luna vor sie und funkelte Glenda an. »Halt die Klappe, Glenda. Uns ist es sowieso völlig egal, was du von uns hältst. Also hau doch einfach ab. Und übrigens, wenn du so guckst wie jetzt gerade, siehst *du* aus wie ein extrem dämlicher Dorsch!«

Glenda machte ungläubig den Mund auf und zu wie ein Fisch.

Die anderen brachen in schallendes Gelächter aus und Glenda stolzierte wütend davon.

Koralie umarmte ihre kleine Cousine. »Hey, Luna, das war wirklich krill-liant! Du hast gerade Glenda Seegras gesagt, dass sie Leine ziehen soll!«

Luna grinste. »Nachdem ich mich heute mit einem Urzeit-Quastenflosser angefreundet und den Anführer der Wachen angeschrien habe, erschien mir Glenda auf einmal gar nicht mehr besonders furchteinflößend. Außerdem ist es mir wirklich total egal, ob sie uns für Streber oder Langweiler hält.«

Naya nickte. »Mir auch! Außerdem konnten wir Egon nur retten, weil wir sind, wie wir sind.«

»Wir sind wirklich ein ziemlich gutes Team«, fand Marina und ein Glücksgefühl durchströmte

sie vom Kopf bis in die Schwanzspitze. »Ich finde, wir sollten in Zukunft noch ganz viele Geheimnisse gemeinsam lüften!«

Jet pfiff und keckerte aufgeregt; Tommi und Nessi stimmten ihm zu, indem sie mit ihren Flossen klatschten; Oktavia blies Luftblasen und Sami tanzte vor Marinas Nase herum.

Marina lachte. »Aber klar doch, ihr alle helft auch mit!« Sie hob ihre Hand: »Schlagt ein. Auf unser nächstes Abenteuer! Hoffentlich ist es nicht in allzu weiter Ferne!« Ihre Freundinnen und Kai schlugen ein.

»Auf weitere Abenteuer!«, riefen sie.

Dann ließen sie sich alle rückwärts ins Wasser fallen.

»Also ich brauche jetzt ganz dringend ein Frühstück«, bemerkte Kai und hielt sich den Bauch. »Ich bin so hungrig, ich könnte glatt einen Urzeit-Quastenflosser verdrücken!«

»Ha! Wie würde ein Urzeit-Quastenflosser es finden, wenn Kai ihn zum Frühstück verspeisen wollte?«, fragte Koralie.

»Wie?«, fragte Marina.

»Er wäre er-hai-tert.« Koralie grinste.

Marina, Naya, Luna und Kai stöhnten und

spritzten mit ihren Schwanzflossen Wasser auf Koralie, bis sie quiekte und floh. Kichernd schwammen sie ihr hinterher durch das schimmernde, in der Sonne glitzernde Wasser.

Das wunderbare Meer

70 % der Erdoberfläche ist von Wasser bedeckt und die Meere beinhalten 97 % allen Wassers auf der Erde.

Wissenschaftler schätzen, dass die Menschen noch rund 95 % der Weltmeere zu erforschen haben – es gibt also unendlich viel zu entdecken. Das erklärt, wieso es nicht möglich ist, zu sagen, wie viele Tierarten im Meer leben. Man schätzt, dass 91 % der Meerestiere noch nicht bestimmt sind.

Die Weltmeere enthalten nicht nur eine unglaubliche Vielfalt an Tieren, sondern man findet dort anhand archäologischer Funde auch Unmengen an Informationen über die menschliche Geschichte und Zivilisation, denn in den Ozeanen findet man mehr von Menschen hergestellte Gegenstände als in allen Museen der Welt zusammen.

Die Meere bedecken eine unglaublich große Fläche unseres Planeten, und sie sind nicht nur sehr ausgedehnt, sondern sie sind auch sehr tief. Die Durchschnittstiefe unserer Meere beträgt rund 3700 Meter. An den tiefsten Stellen, die sich im Pazifischen Ozean befinden, ist das Meer sogar bis zu 11 100 Meter tief.

Korallenreiche

Korallenriffe machen nur 0,1 % der Meere aus, aber dort leben 25 % aller Meerestiere und Pflanzenarten.

Korallenriffe werden auch die »Regenwälder der Meere« genannt. Sie sind nicht nur Lebensraum

für Meerestiere, sondern stellen auch für Menschen eine Lebensgrundlage dar, indem sie ihnen Nahrung, Schutz vor Stürmen und ökonomische Möglichkeiten bieten.

Korallenriffe bestehen aus einzelnen Korallen. Das sind Lebewesen, die mit Quallen und Anemonen verwandt sind. Obwohl sie so empfindlich sind und so zerbrechlich wirken, gibt es Korallen schon seit 400 Millionen Jahren.

Riffbildende Korallen findet man in seichten tropischen Gewässern, die eine Wassertemperatur zwischen 20 und 29 Grad haben. Korallen reagieren sehr empfindlich auf Temperaturveränderungen, deshalb ist der derzeitige Klimawandel auch so eine große Bedrohung für sie.

Neben dem Klimawandel werden Korallenriffe vor allem durch Überfischung, Tourismus und Wasserverschmutzung bedroht und beschädigt. Bislang wurden schon 19 % aller Korallenriffe auf der Welt zerstört.

Nixen-Tierschutz-Club

Das Meer und die Korallenriffe sind ein unverzichtbarer und lebensnotwendiger Bestandteil unseres Planeten und sie beeinflussen das Leben kleiner und großer Tiere.

Was können wir tun, um sie zu schützen? Hier sind einige Ideen …

Der Klimawandel ist im Moment die größte Bedrohung für die Korallenriffe. Wir können helfen, indem wir Energie sparen und unseren CO_2-Fußabdruck reduzieren. Schon durch kleine Veränderungen können wir dazu beitragen: laufen, Fahrrad fahren oder öffentliche Verkehrsmittel benutzen, anstatt das Auto zu nehmen, und immer das Licht ausmachen, wenn wir ein Zimmer verlassen.

Einwegplastik endet häufig im Meer. Es ist sehr schädlich und oft sogar lebensbedrohend für die wunderbaren Tiere, die dort leben. Versuche Plastik zu vermeiden, wo immer das geht: Nimm lieber wiederverwendbare Wasserflaschen und Taschen und recycle so viel wie möglich.

Lass nichts liegen und nimm all deinen Abfall wieder mit, wenn du unterwegs bist. Es ist wichtig, nicht nur den eigenen Abfall zu entsorgen, sondern jeden Abfall, den du irgendwo siehst, mitzunehmen. Du kannst auch helfen, indem du an Müllsammelaktionen teilnimmst oder sogar eine solche Aktion organisierst.

Die Meere sind wunderschön und faszinierend – sieh dir die Unterwasserwunder mit eigenen Augen an, wenn du die Möglichkeit dazu hast. Aber achte darauf, die Korallen nicht zu berühren und weder Korallen noch Steine von einem Riff mitzunehmen, denn das kann die Korallenriffe zerstören.

Darf ich vorstellen: Sami, das Seepferdchen

Seepferdchen sind Fische, die zwischen 14 Millimeter und 35 Zentimeter groß sind.

In freier Wildbahn werden sie bis zu drei Jahre alt.

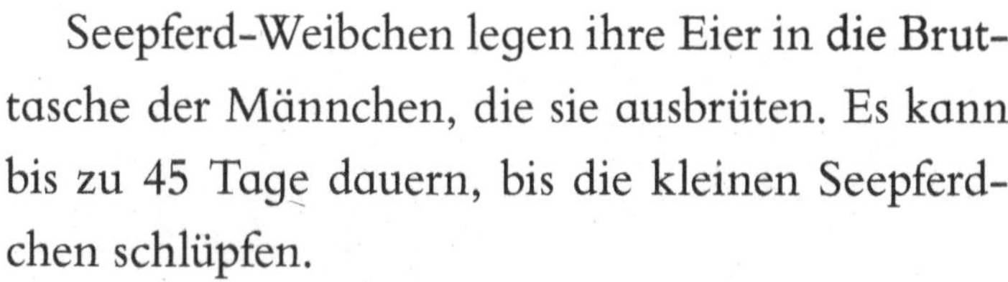

Seepferd-Weibchen legen ihre Eier in die Bruttasche der Männchen, die sie ausbrüten. Es kann bis zu 45 Tage dauern, bis die kleinen Seepferdchen schlüpfen.

Seepferdchen können sich sehr gut tarnen. Das schützt sie zum einen vor Fressfeinden, zum anderen hilft es ihnen selbst beim Jagen. Sie sind Lauerjäger und verstecken sich, bis ihre Beute an ihnen vorüberschwimmt. Dann saugen sie ihr Beutetier durch den Mund ein und schlucken es ganz herunter.

Erfahre mehr über den scheuen Quastenflosser

Quastenflosser werden auch lebende Fossilien genannt. Lange Zeit glaubte man, sie seien vor 65 Millionen Jahren zusammen mit den Dinosauriern ausgestorben. Aber dann wurde 1938 im Indischen Ozean ein lebendiges Exemplar entdeckt.

In freier Wildbahn werden sie bis zu sechzig Jahre alt und bis zu zwei Meter lang. Sie sind auch ziemlich schwer und wiegen bis zu 90 Kilogramm.

Quastenflosser verstecken sich tagsüber in Unterwasserhöhlen und kommen nachts zum Fressen heraus. Sie können in Wassertiefen von bis zu 700 Metern leben.

Das sind nur einige der Gründe, weshalb Tarak so begeistert darüber war, einen Quastenflosser zu finden!

Glossar

Die **Amerikanische Schwertmuschel** ist eine längliche Muschel, die 17–25 cm lang und bis zu 5 Jahre alt wird.

Anemonen gehören zu den Blumentieren, leben im Flachwasser und in der Tiefsee. Sie bewegen sich durch langsames Kriechen auf einer Fußscheibe fort.

Anglerfische kommen in allen Weltmeeren ab einer Tiefe von 300 m vor. Sie locken ihre Beute mit einer Art leuchtender Angel direkt vor ihr Maul.

Blauhaie gehören zu den häufigsten Hochseehai-Arten. Sie werden etwa 3,5 m lang, ca. 200 kg schwer und ungefähr 20 Jahre alt. Sie fressen alles, was sie erbeuten können.

Blauwale sind die größten Tiere der Welt. Sie werden bis zu 33 m lang, bis zu 200 Tonnen schwer und bis zu 90 Jahre alt. Ihr Herz wiegt so viel wie ein kleines Auto: 600–1000 kg. Sie fressen Plankton und Krill und sind vom Aussterben bedroht.

Blindfische sind so gut an ihr Leben in dunklen Höhlen angepasst, dass sie Ferntastorgane entwickelt und ihre Augen zurückgebildet haben.

Clownfische werden auch Anemonenfische genannt, weil sie häufig in der Nähe von Anemonen wohnen, wo sie sich bei Gefahr verstecken.

Dornenkronen-Seesterne haben 6–23 Arme. Auf ihrem Körper wachsen 4–5 cm lange Giftstachel. Sie fressen die Polypen von Steinkorallen und tragen so zum Absterben von Korallenriffen bei.

Drückerfische leben häufig auf Korallenriffen, aber auch im offenen Meer. Sie können Laute erzeugen: knirschen, knacken und trommeln.

Einsiedlerkrebse brauchen wegen ihres weichen Hinterleibs ein Schneckenhaus zum Schutz vor Fressfeinden und der Sonne. Wenn sie wachsen und ihr »Häuschen« zu klein wird, müssen sie umziehen.

Fangschreckenkrebse können ultraviolette Farben wahrnehmen, die Menschen nicht sehen können. Das bedeutet, ihre Welt ist viel bunter als unsere!

Graue Riffhaie gehören zu den Requiemhaien. Sie wiegen ca. 30 kg, werden 1,5–2,5 m groß und bis zu 25 Jahre alt. Sie leben meist in Lagunen und Außenriffen und gehen nachts auf Jagd nach Fischen.

Der **Große Fetzenfisch** gehört genau wie die Seepferdchen zu den Seenadeln.

Karettschildkröten sind vom Aussterben bedroht, da sie wegen ihres wertvollen Panzers gejagt werden. Sie werden 60–90 cm groß, 45–68 kg schwer und über 50 Jahre alt. Sie sind Allesfresser, mögen aber besonders gerne Meeresschwämme.

Kaurischnecken sind Meeresschnecken. Sie werden auch Porzellanschnecken genannt. In vielen alten Kulturen waren ihre Gehäuse ein beliebtes Zahlungsmittel.

Knorpeltang ist eine Rotalge, die auch in der Nord- und Ostsee vorkommt.

Krill ist Norwegisch und bedeutet »Walnahrung«. Die Kleinkrebse schwimmen in riesigen Schwärmen und sind Teil des tierischen Planktons. Man kennt bisher 86 Arten, die arktische und tropische Gewässer bewohnen.

Leuchtkalmare sind eine kleine Tintenfischart, die Licht produzierende Zellen auf ihrem Körper haben.

Der **Megacoelacanthus** ist ein riesenhafter, seit langem ausgestorbener Quastenflosser.

Muränen gehören wie die Quastenflosser zu den Knochenfischen und verbergen sich oft in Felsspalten und Höhlen. Sie sind Jäger, können gut riechen und hören, sind aber kurzsichtig.

Oktokorallen sind Weichkorallen und werden auch »Achtstrahlige Blumentiere« genannt. Sie leben in allen Weltmeeren – auch in großen Tiefen.

Der **Oktopus** ist ein 8-armiger Tintenfisch. Er hat 3 Herzen und ist sehr intelligent. Sein Gehirn zieht sich wie ein Netz durch den gesamten Körper vom Kopf bis in die Tentakel.

Der **Pelikanaal** wird bis zu 1 m lang und lebt in allen gemäßigten und tropischen Meeren in einer Wassertiefe von 500–7500 m. Er frisst Krebstiere und kleine Fische.

Plankton sind Kleinstlebewesen, die mit den Wasserströmungen im Meer, in Seen und Flüssen treiben. Plankton hat tierische und pflanzliche Anteile.

Prachtschwertgrundeln werden ca. 8 cm groß und leben auf Korallenriffen in einer Wassertiefe von 6–60 m.

Quallen gibt es seit ca. 670 Mio. Jahren. Sie gehören zu den ältesten Tieren der Erde und zu den giftigsten Meeresbewohnern. Sie haben ein Nervensystem, aber kein Gehirn, bewegen sich mit der Meeresströmung und leben in allen Weltmeeren in Tiefen bis zu 6000 m.

Schwämme sind vielzellige Tiere, die weder Muskel- noch Nerven- oder Sinneszellen haben. 2017 wurden in Australien mehrere neue fleischfressende Schwammarten entdeckt.

Der **Schwarze Marlin** ist mit Spitzengeschwindigkeiten von 129 km/h der schnellste Fisch der Welt.

Seegras kann einige 100 Jahre alt werden und spielt eine wichtige Rolle im Ökosystem Meer. Es bietet Kleintieren Schutz und Nahrung, speichert große Mengen von Kohlendioxid, gibt Sauerstoff ins Wasser ab und festigt den Meeresboden.

Seeigel sind zwar nicht mit Igeln verwandt, haben aber Stacheln genau wie sie. Es gibt ca. 900 Arten, und sie leben in fast jedem Meer. Sie wiegen je nach Art 50–200 g.

Seekühe sind Säugetiere und mit Elefanten verwandt. Sie müssen zum Atmen an die Wasseroberfläche schwimmen und ernähren sich vorwiegend von Pflanzen.

Seenadeln gehören zu den Knochenfischen. Sie können sich sehr gut tarnen.

Seepocken sind Krebse, die an einem Untergrund festgewachsen sind. Sie leben in einem Kalkpanzer und filtern Plankton aus dem Wasser.

Seescheiden sind einfach gebaute Lebewesen, die nur zu Beginn ihres Lebens ein Gehirn haben. Sobald sie sesshaft werden, bildet sich ihr Gehirn zurück.

Seesterne sind Tiere, die auf dem Meeresboden leben und mindestens 5 Arme haben. Wenn ihnen einer abgebissen wird, wächst er nach. Sie haben keinen Kopf und kein Gehirn.

Skorpionfische bilden eine Fischfamilie, zu der ca. 230 Arten gehören. Sie leben in vielen Weltmeeren. Einige ihrer Rückenflossen sind giftig.

Stachelrochen haben einen flachen, rautenförmigen Körper, ein Skelett aus Knorpel sowie einen langen peitschenartigen Schwanz mit einem oder mehreren Giftstacheln.

Die **Tiefseeebene** ist ein flaches Meeresbodengebiet, dass in der Regel an einen Kontinent angrenzt. Die Tiefseeebene liegt 2000–6000 m unter dem Meeresspiegel.

Tiefseekorallen leben in Tiefen von 40–2000 m. Trotz der eisigen Temperaturen von 5–10 °C wachsen sie bis zu 2,5 cm pro Jahr. Tiefseekorallen können ohne Sonne überleben.

Tiefseerinnen oder Tiefseegräben sind schmale Vertiefungen des Meeresbodens und die am tiefsten gelegenen Punkte auf der Erdoberfläche. Die tiefste Tiefseerinne ist der Marianengraben im Pazifik mit einer Meerestiefe von max. 11 034 m.

Tintenfische sind keine Fische, sondern gehören zu den Weichtieren (wie Schnecken und Muscheln). Bei Gefahr stoßen sie Tinte ins Wasser, werden so von ihrem Angreifer nicht mehr gesehen und können fliehen. Es gibt 10- und 8-armige Tintenfische.

Walhaie sind die größten Fische der Erde und nicht mit Walen verwandt. Sie ernähren sich von tierischem Plankton, werden 12–14 m lang und bis zu 100 Jahre alt. Sie gehören zu den gefährdeten Tierarten.

Autorin

Linda Chapman ist Bestsellerautorin und hat über 200 Bücher geschrieben (u. a. die Erfolgsreihe »Sternenschweif«). Das größte Kompliment für sie ist, wenn ein Kind ihr erzählt, dass ihre Bücher es zum Lesen gebracht haben. Linda Chapman lebt auf dem Land mit ihrem Ehemann, drei Kindern, drei Hunden und drei Ponys. Wenn sie nicht schreibt, liest und reitet sie gerne oder besucht Schulen und Bibliotheken, um über das Schreiben zu sprechen.

Von Linda Chapman sind bei cbj in der Reihe »Sternenfreunde« diese Bände erschienen:

Maja und der Zauberfuchs (Band 1, 17560)
Leonie und die Wildkatze (Band 2, 17561)
Lottie und das Flitzhörnchen (Band 3, 17562)
Sita und das magische Reh (Band 4, 17563)
Maja und die Schattenmagie (Band 5, 17720)
Lottie und der Zaubertrank (Band 6, 17774)
Sita und der Mondscheinzauber (Band 7, 17853)
Leonie und das zauberhafte Café (Band 8, 17889)
Das magische Abenteuer beginnt (Doppelband, 17917)

Illustratorin

Kim Barnes hat Illustration an der University of Lincoln studiert und arbeitet seitdem als Kinderbuchillustratorin. Sie lebt mit ihrem Mann und zwei Kindern in ihrem Heimatort am Meer auf der Isle of Wight.

Linda Chapman

Sternenfreunde

Glaubst du an Magie? Maja und ihre Freundinnen sind sich da ganz sicher. Und als sie die Tiere aus der Sternenwelt kennenlernen, ist das der Anfang eines großen magischen Abenteuers.

Maja und der Zauberfuchs
Band 1, 176 Seiten,
ISBN 978-3-570-17560-6

Leonie und die Wildkatze
Band 2, 176 Seiten,
ISBN 978-3-570-17561-3

Lottie und das Flitzhörnchen
Band 3, 176 Seiten
ISBN 978-3-570-17562-0

Sita und das magische Reh
Band 4, 176 Seiten
ISBN 978-3-570-17563-7

Maja und die Schattenmagie
Band 5, 176 Seiten,
ISBN 978-3-570-17720-4

10386_5

www.cbj-verlag.de

Marina
Sami
Kai
OKtavia
Naya